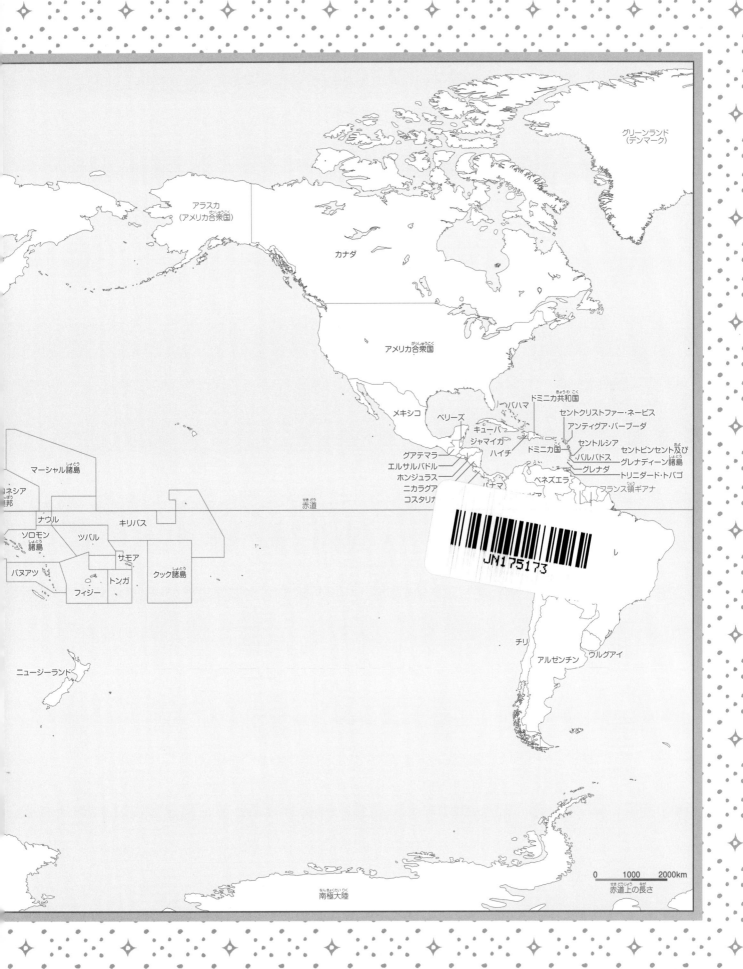

池上彰 監修！
国際理解につながる
宗教のこと

3

歴史と宗教
（アジア編）

この本を読むみなさんへ

あなたは、ふだん、宗教というものを、どれくらい意識しているでしょうか。多くの人は、「宗教なんて、ほとんど意識していないし、あまり考えたこともない」と思っているのではないでしょうか。学校の授業には「宗教」はありません。家でも宗教のことを話題にする人はそう多くないようです。でも、私たちのくらしの中には、宗教と関係したことが意外に多いのです。

例えば、節分やクリスマスなどの年中行事。これらの多くは、宗教と関係があります。また、お正月に神社に行って「今年も健康に過ごせますように」などと願うことも、宗教と関係しています。私たちが受けついできた文化の中には、意識しなくても宗教に関することが意外とたくさんあるのです。

外国ではどうでしょうか。国によって程度の差がありますが、人々が、まったく宗教と関係なく暮らしている国はほとんどないと言ってよいでしょう。世界の人々は、宗教と関わりをもって生きているということです。

宗教は、昔から、人がどう生きるか、どう暮らすかを決めるもとになってきました。そのため、宗教が原因で戦争になったこともあります。現在でも、宗教に関係して争いや対立が起こることもあります。世界の動きや国と国の関係を理解するために、「宗教」という目で見ると、なぜ今の世界がこうなっているかがわかることもあります。このシリーズでは、国際理解がしやすくなるように、宗教を考えていきます。

この巻では、「歴史と宗教（アジア編）」として、日本や中国、インドなどの、宗教をじくとした歴史をたどってみることにします。歴史と言うと、遠い昔のできごとのように感じるかもしれませんが、そうではありません。今があるのは、過去があったからです。過去に起こったことは、今につながっているのです。歴史をふり返ることで、今起こっているできごとの原因がよく理解できるのです。

監修　池上彰

1950年、長野県生まれ。大学卒業後、NHKに記者として入局する。社会部などで活躍し、事件、災害、消費者問題などを担当し、教育問題やエイズ問題のNHK特集にもたずさわる。1994年4月からは、「週刊こどもニュース」のおとうさん役兼編集長を務め、わかりやすい解説で人気となった。現在は、名城大学教授。
おもな著書に、『一気にわかる！ 池上彰の世界情勢2017』（毎日新聞出版）、『池上彰の世界の見方：15歳に語る現代世界の最前線』（小学館）、『伝える力』（PHP研究所）、『池上彰の戦争を考える』（KADOKAWA）がある。

- 宗教の教えや歴史上のできごとについては、それぞれの宗教の観点をふまえ、できるだけ客観的に書くことを心がけています。
- 宗教上のできごとなどについては、さまざまな説やとらえ方、不明点があります。本文中に書かれていること以外の説などを否定するものではありません。
- イラストは、読者の理解を助けとなることを優先し、デフォルメ（演出上の改変）をしたものもあります。

＊このシリーズは、2017年1月現在の情報をもとにしています。

もくじ

第1章　日本の宗教の歴史
- 自然の中の神様をうやまう ……………………… 4
- 神話をまとめ、国をまとめる ……………………… 6
- 仏教が伝わり対立が起こる ……………………… 8
- 仏教が国と結びついて発展 ……………………… 10
- 中国で学んだ空海と最澄 ……………………… 12
- 神道と仏教が混じり合う ……………………… 14

- 新しい仏教が生まれる ……………………… 16
- 民衆の力を集める宗教 ……………………… 18
- キリスト教が伝わる ……………………… 20
- キリスト教が禁止される ……………………… 22
- 江戸時代の宗教 ……………………… 24
- 神道と仏教を分ける ……………………… 26
- 戦前と戦後で変わった神道 ……………………… 28
- 現代の日本の宗教の特ちょう ……………………… 30

第2章　中国の宗教の歴史
- 孔子の教えがもとになった儒教 ……………………… 32
- 老子の教えがもとになった道教 ……………………… 34
- 仏教が伝わり、さかんになる ……………………… 36
- さまざまな宗教が伝わる ……………………… 38

第3章　インド・東南アジアの宗教の歴史

- インドの宗教の始まり ……………………… 40
- アジアに広がる仏教 ……………………… 42
- ヒンドゥー教の広がり ……………………… 44
- 東南アジアの宗教 ……………………… 46
- アジアのさまざまな宗教 ……………………… 48

第4章　アジアの宗教の歴史
- 500年ごろまで ……………………… 50
- 500〜1500年ごろ ……………………… 52
- 1500年〜現在 ……………………… 54

Waj / shutterstock.com

第1章 日本の宗教の歴史

自然の中の神様をうやまう

大昔の日本の人々は、かりや漁をするくらしから、米などの作物をつくるくらしに変わっていきました。自然との関わりの深いくらしの中で、自然の中に神様がいると考える宗教が生まれました。

自然に感謝すると共に、自然をおそれた人々

今から約1万3000年前から約2500年前までを縄文時代と言い、人々は、主にかりや漁をしてくらしていました。また、木の実や海そうなども大切な食べ物でした。人々は、自然からのめぐみによってくらしていたため、自然に感謝する気持ちを持っていたと考えられます。いっぽうで、自然には、時には災害をもたらすおそろしい面もあるため、人々は、自然をおそれる気持ちもあったでしょう。

こうしたことから、自然には不思議な力があると考え、豊かな食料が得られるように、また、災害が起こらないように祈ったと考えられます。

縄文時代のくらしの想像図。

土にうめられた死者。ひざや体が曲げられている。これは、死者が、生きている人にわざわいをもたらすことをおそれたためだと考えられている。

写真／千葉市立加曽利貝塚博物館

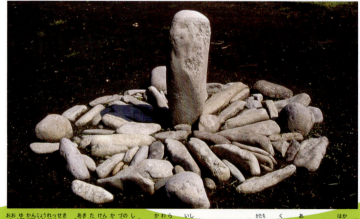

大湯環状列石（秋田県鹿角市）。川原の石をいろいろな形に組み合わせた墓がたくさん集まったもの。祭りや祈りに使った土器や土偶などが見つかっている。

写真／鹿角市教育委員会

作物がたくさんとれるように願う祭り

　約2500年前には、米づくりが本格的に行われるようになりました。この時代を、弥生時代と言います。米づくりには、日差しや気温、雨など、自然のはたらきが関係します。そのため、イネがよく育ち、たくさんの米がとれるように祈り、米がとれたことを自然に感謝する祭りが行われました。祭りには、銅鐸などの道具が使われました。

弥生時代の祭りの想像図。神様におそなえ物をして、神様が喜ぶような歌やおどりをしたと考えられる。

弥生時代の仮面。祭りの時に顔につけたと考えられる。
写真／桜井市教育委員会

青銅でつくられた銅鐸（復元）。楽器のように、音を鳴らす道具だったと考えられている。
写真／野洲市歴史民俗博物館

このころの祭りが、現在の祭りのもとになっていることもあるんだよ。

神様のお告げで政治をする

　米づくりには、大勢が協力しなければなりません。そのため、人々が集まってくらすムラができ、やがていくつかのムラがまとまって、クニができました。
　弥生時代のクニは、王が神様のお告げを聞き、まじないなどをすることで治められていたと考えられます。
　3世紀の日本にあった邪馬台国では、卑弥呼という女王が、神様のお告げを聞いて政治をしていたという記録が残っています。

青銅でつくられた鏡（銅鏡）。うらないや祭りの道具として使われていたと考えられている。

写真／奈良県立橿原考古学研究所　撮影／阿南辰秀

5

神話をまとめ、国をまとめる

日本では、古くから、自然のあらゆるものに神様が宿っていると考えられていました。神様たちは、人間の姿をしているとされ、その物語が、やがて神話としてまとめられていきました。

八百万の神様たち

日本人の祖先は、自然をうやまい、おそれる気持ちから、自然をとうといものだと思い、その中に神様がいると考えました。

そして、大きな木や岩、池やぬまなど、さまざまな所に、神様が宿っているとしました。たくさんいる神様は、「八百万の神」と呼ばれます。神様たちは、人間と同じような姿をして、人間と同じような気持ちを持つと思われました。

親子やきょうだい、親せきなど、血のつながりのある人々のまとまりを氏族と言いますが、それぞれの氏族は、自分たちを守ってくれる神様がいると考えていました。

これらが、現在の神道という宗教のもとの考え方になったと言われています。

大王の一族の神話がまとまる

4～5世紀には、大和地方（現在の奈良県）にあったヤマト政権が、大王と呼ばれる人物を中心として強い力を持ち、周辺のクニをまとめていきました。ヤマト政権が支配する地域は広がっていきました。ヤマト政権の大王は、現在の天皇家の祖先です。やがて、大王の一族の神話がまとめられ、ヤマト政権が人々を治めることが正しいとする話として伝えられました。

こうした神話は、8世紀に『古事記』や『日本書紀』という本にまとめられました。

『古事記』と『日本書紀』は、神道の聖典と言えるよ。

第1章 日本の宗教の歴史

日本の神話

日本の国がどのようにしてできたか、どんな神様がどんなことをしたかが伝えられてきました。下の話は、ヤマト政権ができるまでの神話の一部です。

1 イザナギノミコトとイザナミノミコトという男女の神様が、まだどろどろだった大地をほこ（武器の一種）でかき混ぜ、たくさんの島を生み、日本をつくった。続いて2人は、風の神様、木の神様など、さまざまな神様を生んだ。

2 太陽の神様であるアマテラスオオミカミは、弟のスサノオノミコトが乱暴なので腹を立て、天の岩戸にかくれてしまい、この世は真っ暗になってしまった。神々は相談して、外でおどりをおどるなどして、アマテラスを天の岩戸から出した。

3 スサノオノミコトは、天の世界から地上の出雲（現在の島根県）に降り立った。そこで、ヤマタノオロチという大へびの生けにえにされそうになっていたむすめを助けた。この時に退治したヤマタノオロチの体から、剣が出てきた。

4 スサノオノミコトの子孫のオオクニヌシノミコトは、ある時、ワニ（サメ）に毛をはがれ、傷ついた白うさぎに出会う。オオクニヌシノミコトは、うさぎに治し方を教えてやった。このように心の優しいオオクニヌシノミコトは、国づくりを進めた。

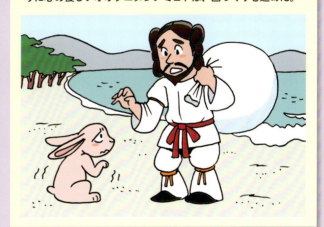

5 アマテラスオオミカミの孫のニニギノミコトが天から日向（現在の宮崎県）に降り、オオクニヌシノミコトから国をゆずれられる。後に、ニニギノミコトの子孫のカムヤマトイワレヒコノミコトが天皇の位について、初代天皇の神武天皇となった。

6 景行天皇のむすこのヤマトタケルノミコトは、女物の着物を着て九州のクマソタケルをたおすなど、各地を攻めて国を広げた。しかし、その途中で病気のために亡くなった。この話は、ヤマト政権が広がっていったことがもとになったと考えられる。

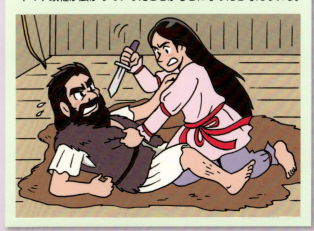

仏教が伝わり対立が起こる

6世紀半ばになると、新しい宗教として、仏教が日本に伝えられました。初めは仏教を受け入れるかどうかで豪族の間に対立が起こりましたが、賛成する勢力が勝ち、受け入れられました。

朝鮮半島から伝えられた仏教

仏教は、紀元前6～前5世紀にインドにいたブッダの教えをもとにする宗教です（→41ページ）。仏教は、次第にアジアの各地に伝わりました。日本には、6世紀半ばに、朝鮮半島の王から天皇に、仏像とお経がおくられたことで伝わりました。

そのころの日本では、蘇我氏と物部氏という豪族（強い力を持つ一族）がいました。蘇我氏は仏教を受け入れることに賛成し、物部氏は反対しました。

蘇我氏は、「中国や朝鮮の国では、みな仏教を信仰している。我が国だけが受け入れないのはよくない」と言いました。いっぽうの物部氏は、「よその国の教えを信仰すると、きっと昔からの我が国の神様がおこるだろう」と言います。

天皇は、蘇我氏に仏像をあたえ、お寺を建てることを許しました。ところが、その後、はやり病が起こったため、物部氏は、仏教を信仰したせいだと天皇にうったえます。仏像は捨てられ、お寺は焼かれてしまいました。

蘇我氏と物部氏は、もともと仲がよくありませんでした。やがて、激しく対立するようになり、587年に、蘇我氏が物部氏をたおしてしまいました。

そうなると、仏教を受け入れることに反対する意見はほとんどなくなり、天皇も仏教を受け入れるようになりました。また、6世紀末から天皇を助けて政治を動かしていた聖徳太子（厩戸王）も、蘇我氏との関係が深く、仏教の教えをよく学んでいました。

第1章 日本の宗教の歴史

仏教で国のしくみを整える

聖徳太子（厩戸王）は、国のしくみを整えるために、仏教を政治の基本の考えにしました。聖徳太子は、豪族や役人たちへの決まりとして、憲法十七条を定めました。そこには「あつく三宝（仏教）をうやまえ」と書かれています。

ただし、「和が大切だ」と、日本にもともとあった神道の考えに基づく決まりも取り入れられています。

仏教をうやまいなさい

聖徳太子と伝えられている像（中央）。
写真／宮内庁

聖徳太子は、小さいころから仏教を学んでいた。四天王寺（大阪府）や法隆寺（奈良県）などのお寺を建てたほか、お経を解説する書物を書いたとも言われている。

お寺や仏像がつくられる

仏教が伝わると、日本にも法興寺（飛鳥寺）、四天王寺、法隆寺などのお寺が建てられ、仏像がつくられるようになりました。また、僧（お坊さん）や尼僧（尼さん）になる人も現れました。

しかし、このころは、まだ仏教は、皇族（天皇の一族）や豪族など、一部の人の間で信仰されている新しい宗教でした。

飛鳥寺（奈良県）。596年に蘇我氏が建てた、日本で最も古いお寺のひとつ。
写真／明日香村教育委員会　所蔵／飛鳥寺

飛鳥寺釈迦如来像。7世紀前半につくられた。
写真／明日香村教育委員会　所蔵／飛鳥寺

仏教が国と結びついて発展

奈良時代には、仏教が国に守られるようになりました。また、仏教によって国を安定させようという考えから、都（奈良）の東大寺に大仏がつくられ、各国に国分寺と国分尼寺が建てられました。

仏教で国を安定させる

710年に、都が平城京（奈良県）にうつされました。この時代を、奈良時代と言います。奈良時代には、仏教が国に守られるようになり、発展しました。また、仏教によって国を安定させようとする考えがおこりました。仏様の力で悪いことをおさえ、豊作を願うのです。これを、鎮護国家と言います。

724年に天皇になった聖武天皇は、仏教を信仰していました。聖武天皇は、国ごとに、国分寺と国分尼寺を建てる命令を出しました。さらに、その中心となるお寺として都に東大寺を建て、大仏をつくりました。

聖武天皇。仏教をあつく信仰し、保護した。国分寺・国分尼寺や東大寺を建てる命令を出した。
写真／奈良国立博物館　撮影／佐々木香輔　所蔵／東大寺

東大寺金堂（大仏殿）。大仏をおさめる建物で、高さ約47mある。現在の建物は、1709年に建て直されたもの。
Tayawee Supan / Shutterstock.com

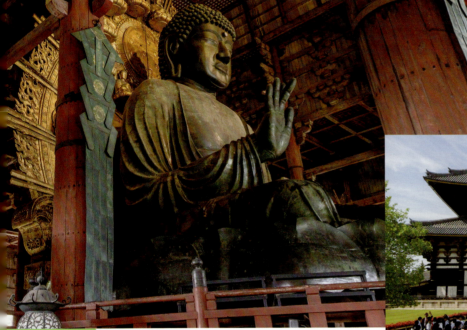

東大寺の大仏。743年からつくられ、752年に完成した。大仏づくりは、国をあげての事業だった。高さ約15m。
MTaira / Shutterstock.com

地名に残る「国分寺」

国分寺・国分尼寺は、仏教によって地方を守るという考えで、国ごとに建てられたものです。国分寺には僧（お坊さん）、国分尼寺には尼僧（尼さん）がいました。

国分寺があった場所が、現在の地名になっていることがあります。東京都の国分寺市もそのひとつで、昔の武蔵国（東京都、埼玉県、神奈川県の一部）の国分寺があったことから、この地名になっています。

国分寺駅の表示。
Jun Mu / Shutterstock.com

第1章 日本の宗教の歴史

中国から日本にやってきた鑑真

奈良時代には、日本から唐（中国）にわたって、学問を学んでくる人々がいました。その中には、仏教の教えを学んで日本に伝えた僧がいました。これとは逆に、唐から日本にわたってきた中国の僧が鑑真です。鑑真は、日本の僧の熱心な招きに心を動かされ、日本に行くことを決めました。苦労の末にようやく日本にやってきた鑑真は、僧になるための決まりごとを伝えるなど、日本の仏教が発展するための役割もしました。

鑑真は、唐招提寺というお寺を建てたよ。

あきらめずに日本をめざす

大仏づくりに力をつくした僧、行基

行基は、苦しい生活を送る人々のためにつくした。人々からは、行基菩薩と呼ばれて、尊敬された。

奈良時代に僧になるには、国の許可が必要でした。しかし、国の許可をとらないで僧になる人も現れ始めました。行基という僧もそのひとりでした。このころは、僧が一般の人々に仏教の教えを伝えてはいけないとされていました。しかし、行基はどんな人にも仏教の教えを説いて回り、各地にお寺をつくるなどして、尊敬されていました。

後には、東大寺の大仏をつくるためのお金を、たくさんの人から集める働きもしました。

お寺が建てられ、宗派ができる

仏教は国と深く結びつき、都があった奈良には興福寺や薬師寺、西大寺などのお寺も建てられました。お寺では、国に悪いことが起こらないように、祈りが行われました。

都では6つの宗派（同じ宗教の中で、少し考えのちがうもの）がありました。これを、南都六宗と言います。ただし、これらの宗派は、仏教の研究をそれぞれに行う集まりという面が強く、はっきりした考え方のちがいがあったわけではありません。

11

中国で学んだ空海と最澄

平安時代の初めに、空海と最澄の2人の僧が、唐（中国）で新しい仏教を学び、日本に伝えました。空海は真言宗を、最澄は天台宗を開き、その後の日本で仏教が広まっていくもとをつくりました。

都が京都にうつされる

奈良の仏教は、国に守られていたため、大寺院の僧たちが、政治に口出しして、政治が混乱することもありました。

781年に、国の政治を行う立場である天皇になった桓武天皇は、仏教による政治の混乱をおさえたいと考えていました。794年、桓武天皇は、都を平安京（現在の京都）にうつしましたが、平城京（現在の奈良）の大寺院が口出しすることのないよう、平安京にうつることを許しませんでした。

桓武天皇は、空海や最澄が日本にもたらした新しい仏教を受け入れました。

写真／延暦寺

桓武天皇（737〜806年）。奈良時代末に位につき、天皇の力を強めることに努めた。まだ朝廷に従わない地域が多かった東北地方に軍を送ったほか、都を平安京（京都）にうつした。

都がうつされたことは、新しい仏教が広がるきっかけになったよ。

空海と最澄の留学

9世紀の初め、中国は、唐という国の時代でした。そのころの唐では、仏教の中の密教という教えがはやっていました。空海は、讃岐（現在の香川県）から都に出て、いろいろな学問を学びましたが、その中で仏教が最も優れていると感じていました。また、最澄は、近江（現在の滋賀県）出身の僧でした。空海と最澄は、同じ年に唐にわたり、新しい仏教を学びました。やがて2人は日本に帰り、新しい仏教の教えを伝えることになります。

第1章 日本の宗教の歴史

空海の真言宗と最澄の天台宗

空海と最澄が伝えた密教は、仏教の宗派のひとつである大乗仏教（→42ページ）の中の教えです。秘密の教えとまじないのようなやり方で、仏様に救ってもらおうとします。

それまでの仏教では、さとりを得て仏様になれる（成仏）人は決まっているとされていましたが、空海も最澄も、だれもが仏になれると説きました。また、じゅ文を唱えて祈ることで、わざわいをさけ、よいことがある（現世利益）としたことから、天皇や貴族に受け入れられました。

人は生きたまま仏であることを体験できる。

すべての人は成仏できる。

真言宗

空海（弘法大師とも言う。774〜835年）が、唐から日本に帰っておこした。「真言」というのは、仏様の中で中心と考える大日如来の真実のことばという意味。

空海像。
写真／松山市　所蔵／太山寺

高野山金剛峯寺。空海が紀伊（現在の和歌山県）に建て、真言宗をおこした。
写真／金剛峯寺

その教えとは…

真言やダラニ（じゅ文）を唱え、手で仏と同じ形をつくることで、生きたまま仏様であることを体験できるとする。秘密のまじないで国を守り、じゅ文を唱えながら祈ることで、よいことが起こるように願う。

生きたまま仏様であることを体験

天台宗

最澄（伝教大師とも言う。767〜822年）が、唐から伝えた。唐の天台山が修行の中心だったので、その名がある。平城京（奈良）の仏教とは対立した。

最澄像。
写真／奈良国立博物館　撮影／森村欣司　所蔵／一乗寺

比叡山延暦寺。最澄が近江（現在の滋賀県）に開いた。後には、仏教を学ぶ中心地となった。写真は、釈迦堂。
写真／延暦寺

その教えとは…

法華経というお経の教えによって、身分に関係なく、だれでも救われるとする。最澄の後に、弟子の円仁や円珍という僧が唐で学んで帰り、密教を本格的に取り入れた。

だれでも救われる

神道と仏教が混じり合う

平安時代中期には、貴族の間に、死んでから極楽浄土というすばらしい世界へ行けることを願う考えが広まりました。いっぽうで、日本にもともとあった神道と仏教が混じり合うようになりました。

正しい行いのない時代が来る!?

仏教をおこしたブッダが亡くなって2000年たつと、正しい行いやさとりのない、末法という時代になるという言い伝えがありました。日本では、平安時代中期の1052年が末法の世の始まりと考えられました。ちょうど、災害などが多かったので、本当に末法の世が来たのだと思われました。

貴族たちは、この世では救われないので、死んでから仏様のいる極楽浄土という、苦しみやなやみのない世界に行くこと（往生）を願いました。そこで、極楽浄土を表す建物が建てられたり、仏様がむかえに来てくれる絵がかかれたりしました。

仏像もたくさんつくられていたよ。

来迎図。極楽浄土への往生を願う人を、仏様がむかえに来てくれる場面をえがいたもの。
所蔵／知恩院　画像提供／京都国立博物館

平等院鳳凰堂（京都府）。極楽浄土を表す建物が、庭園と共に造られ、阿弥陀如来の像が置かれた。この建物の絵が、10円玉にえがかれている。
写真／平等院

浄土教が流行する

災害や不安の多い世の中で、浄土教という教えがはやりました。浄土教は、阿弥陀仏を信じ、「南無阿弥陀仏」と唱えることで極楽浄土（苦しみやなやみのない世界）に往生してさとりを得ることを願う教えです。

10世紀の半ばに、空也という僧が、民衆に浄土教を説きながら橋などをつくったことから、広まりました。

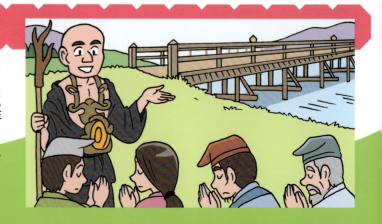

14

第1章 日本の宗教の歴史

神道と仏教が混じり合う

6世紀に仏教が伝わるまで、日本には、神様を信じる宗教（神道）がありました。奈良時代には、神道と仏教が混じり合い、神様と仏様は同じものだとする考えがおこりました。

神社の境内にお寺を建てたり、お寺に鳥居を建てたりするようになりました。平安時代になると、このようなことがさらに多くなっていきました。

神道と仏教が混じり合うことを、神仏習合と言います。

仏様が神様の姿で現れたと考える

神仏習合が進むと、日本の神様は、仏教の仏様が、日本の人々を救うために、姿を変えてやってきたのだとする考えがおこりました。仏様が、神様という仮の姿で現れたものを、権現と呼びます。

やがて、日本のアマテラスオオミカミは、仏教の大日如来という仏様のことだとするように、それぞれの神様に、もともとの仏様を当てはめるようになりました。

神道の教えがまとめられる

神道には、もともと呼び名がなく、まとまった教えもありませんでしたが、仏教が伝わり、それと区別するために、神道と呼ばれるようになったと言われています。

鎌倉時代には、度会家行という人が、理論を持った教え（伊勢神道）としてまとめました。度会家行は、仏様のほうが神様が姿を変えたものだとしました。

室町時代の吉田兼倶は、神道を中心として、仏教と儒教をまとめた神道（唯一神道）を説きました。

伊勢神道

仏様は、神様が姿を変えて現れたものと考える。

唯一神道

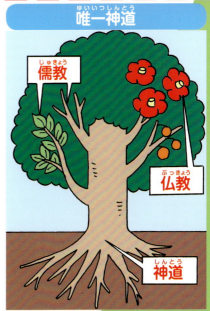

神道が根で、仏教が花や実、儒教が枝や葉に当たるとする。

15

新しい仏教が生まれる

平安時代末期から鎌倉時代には、さまざまな新しい仏教が登場しました。これらによって仏教が広く民衆に広まりました。新しい仏教は、念仏を唱えることや、禅の修行を重視しています。

民衆にもわかりやすい教えになる

平安時代までの仏教は、その教えを知るには、教養や知識が必要で、民衆にはわかりにくいこともありました。また、国を安定させること（→10ページ）や、わざわいをさけ、よいことが起こるように願う（→13ページ）ためのものという面が強く、民衆を救おうとするものではありませんでした。

平安時代末期からおこった新しい仏教は、だれにでもわかりやすく教えを説くもので、民衆に受け入れられました。

念仏を唱えることを説いた法然と親鸞

法然「南無阿弥陀仏」と唱えなさい。

親鸞 悪人こそ救われる。

天台宗の比叡山延暦寺（→13ページ）で修行した法然は、浄土宗の教えをまとめ上げた僧です。「南無阿弥陀仏」と念仏を唱えれば、だれもが死んだ後に極楽浄土に行けるというわかりやすい教えを説きました。法然の教えは、浄土宗と呼ばれました。

法然の弟子の親鸞は、ぼんのう（人間の持つ欲望やなやみ）の多い人間（悪人と言う）こそ救われると説き、農民や地方の武士などに受け入れられました。これを浄土真宗と言います。

各地を回っておどり念仏を広めた一遍

法然や親鸞に近い考えを持っていた一遍は、善人でも悪人でも、信心があってもなくても、すべての人が救われると説きました。そして、かねやつづみを打ち鳴らし、おどりながら念仏を唱える「おどり念仏」を民衆に広めました。一遍の教えは、時宗と呼ばれます。

一遍が広めたおどり念仏のようす。

「一遍上人絵伝 第7巻」国立国会図書館ウェブサイトより転載

第1章 日本の宗教の歴史

法華経を重んじた日蓮

　天台宗の修行をした日蓮でしたが、やがて、法華経というお経（経典）こそがブッダ（仏様）の正しい教えであると考えるようになりました。そして、「南無妙法蓮華経」という題目を唱えれば救われると説きました。これを、日蓮宗（法華宗）と言います。

　日蓮は、浄土宗など、ほかの宗派のやり方では救われないとして、激しく攻撃したため、たびたび危険な目にあいました。しかし、どんな困難にあっても考えを変えず、教えを広めました。

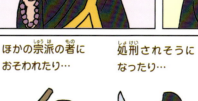

処刑の時に、かみなりが落ちて助かったんだよ。

武士の間に禅宗が広まる

　鎌倉時代は、鎌倉（現在の神奈川県）に幕府（武士の政府）が開かれ、武士の力が強くなった時代です。

　武士の間には、禅宗という宗派が広まりました。禅宗は、座禅をすることで修行をし、ブッダに近づこうとするものです。厳しい修行は、武士のくらしぶりに合っていたことから、受け入れられました。

　栄西がおこした臨済宗や、道元がおこした曹洞宗が広まりました。

座禅をする僧。何も考えず、心を統一する。
©PIXTA

1253年に、鎌倉に建てられた建長寺。禅宗（臨済宗）のお寺。
写真／建長寺

17

民衆の力を集める宗教

室町時代の15世紀半ばから世の中が乱れ、宗教のつながりで結びつく組織の力が強まりました。民衆たちが、宗教による結びつきによって力を合わせ、領主と争うこともありました。

一向宗の広まり

15世紀半ばには、室町幕府の力が弱くなり、全国各地で領主同士の争いが起こる戦国時代になりました。

このころには、鎌倉時代におこった新しい仏教が広まり、信者が多くなっていました。そのうちの浄土真宗（一向宗）は、農民や商人などに信じられ、近畿・東海・北陸地方に広まりました。一向宗の信者たちは、地域ごとに強く結びついていました。そして、領主である大名と、武力で争うこともありました。一向宗の信者を中心とする領主たちとの争いは、一向一揆と呼ばれ、各地で起こりました。

加賀国（現在の石川県南部）では、一向宗の信者が領主をたおし、長く国を治めました。

一向一揆の広まり
・一向一揆が発生した所
・一向一揆が支配した所

本願寺をさかんにした僧、蓮如

浄土真宗（一向宗）を各地に広めたのは、大坂（現在の大阪市）の本願寺にいた蓮如という僧でした。蓮如は、だれもが阿弥陀仏という仏様に救われて極楽浄土（苦しみやなやみのない世界）に行けるということを、簡単な文章で説くと共に、信者たちの結びつきを強くしました。こうして、本願寺の勢力は、戦国時代の大名にも負けないほど強くなりました。

蓮如（1415～1499年）。さびれていた本願寺をさかんにした。
所蔵／本願寺文化興隆財団

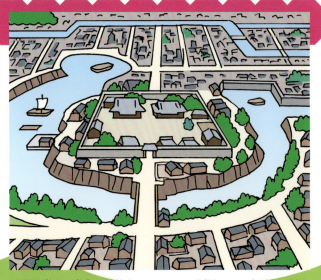
石山本願寺（現在の大阪市にあった）を中心とした地域は、大きな都市となっていた。

第1章 日本の宗教の歴史

戦国大名と戦った一向宗

戦国時代には、各地の国を支配する戦国大名が現れました。戦国大名は、それぞれが支配する地域に決まりをつくったり、土地の有力な武士を家来にしたりして、勢力をのばそうとしていました。また、農民に対しても、年貢の取りたてを厳しくするなど、強く支配しようとしていました。

そのため、一向宗の信者と戦国大名たちはぶつかり合いました。一向宗の信者は、死んだら極楽浄土に行けると考えていたので、死をおそれず戦いました。そのため、戦国大名も簡単には、一向一揆をしずめることができませんでした。

織田信長がたおした宗教勢力

延暦寺

織田信長

各地の戦国大名の中で、領地を広げ、勢力をのばしたのが、尾張国（現在の愛知県西部）から出た織田信長でした。

信長は、強い武力で、自分に従わない比叡山延暦寺を攻めたほか、各地の一向一揆をほろぼしたりしました。しかし、石山本願寺を中心とする一向宗との戦いは、11年にもわたるものでした。

石山本願寺との戦いは、石山戦争と呼ばれるよ。

盆おどりの始まり

室町時代には、正月や盆、祭りの時などに、はなやかな衣装を着ておどる風流という行事が行われていました。この風流とおどり念仏（→16ページ）が結びつき、盆の時期に行われるようになったのが、盆おどりです。

盆おどりは、地域の人がいっしょになって楽しむことから、人々の結びつきを強めることになりました。

都（京都）で行われていた盆おどりのようす。
「紙本著色洛中洛外図屏風（歴博甲本）」所蔵／国立歴史民俗博物館

19

キリスト教が伝わる

16世紀半ば、日本にポルトガル人が来て、さまざまな文化を伝えました。かれらはキリスト教も伝え、宣教師たちが、各地にキリスト教を広めました。

ザビエルが日本に来る

15世紀後半から、ヨーロッパのスペインやポルトガルの船が、世界各地へ航海するようになりました。

1543年、初めてポルトガル人が日本に流れ着き、その後、貿易にやってくるようになりました。1549年には、フランシスコ＝ザビエルという宣教師（キリスト教を広める仕事をする人）が、鹿児島にやってきました。ザビエルは、周防国・長門国（現在の山口県）や豊後国（現在の大分県）の大名を訪ね、キリスト教を広めること（布教）を許してもらいました。

バテレン（宣教師）がキリスト教を広める

ザビエルに続き、次々に宣教師がやってきました。かれらは、日本では、バテレンと呼ばれていました。バテレンたちは、教会堂や学校などをつくって、日本の民衆にキリスト教を受け入れてもらえるようにと、日本の習慣や生活のしかたに慣れるよう努めました。教会堂も、日本の建物のような姿で建てられました。

ポルトガル人たちは、南蛮人と呼ばれたよ。

日本にやってきたポルトガル人たち。その中に、バテレン（宣教師）の姿も見える。右上の建物は、日本ふうに建てられた教会堂。

「南蛮屏風」（作／狩野内膳） 所蔵／神戸市立博物館　Photo : Kobe City Museum / DNPartcom

第1章 日本の宗教の歴史

キリスト教を信仰する大名も

ポルトガル人たちは、鉄砲を始め、日本にはないものを運び、日本との貿易をするようになりました。大きな領主である大名たちは、貿易をして、ヨーロッパのめずらしい品物を手に入れたいと考えていました。

ポルトガルの船は、キリスト教の布教が許されている港に来たため、大名たちは、貿易をするために、キリスト教の布教を許しました。

中には、キリスト教の教えを受け入れ、信者になる大名もいました。このような大名は、キリシタン大名と呼ばれました。

仏教との対立が起こる

キリスト教は、唯一絶対の神を信じる宗教です。ほかの宗教の神を認めないことから、キリシタン大名が治める地域では、寺院がこわされることもありました。そのため、キリスト教と仏教が対立することもありました。

いっぽう、キリスト教では、信者は神に絶対に従わなければならないと説いているため、キリスト教の信者は、神は領主より上という考えを持ちます。領主たちの中には、領民が従わなくなるのではないかと考え、キリスト教を危険な宗教だとして禁じることもありました。

少年たちがヨーロッパに行く

1582年、九州の3人のキリシタン大名が、4人の少年をローマ教皇（法王）のもとに使節として送りました。

少年使節は、インド、ポルトガルなどを通り、はるばるローマまで行って教皇に会い、かんげいされました。かれらが日本に帰ったのは、8年後のことでした。

4人の少年使節。かれらは、日本を出発したころ、13〜14歳だった。

所蔵／京都大学附属図書館

キリスト教が禁止される

乱れていた世の中をまとめた豊臣秀吉は、キリスト教を取りしまりました。その後、江戸時代になると、キリスト教は禁止され、キリシタンや宣教師たちは、厳しい取りしまりを受けました。

豊臣秀吉がバテレンを追い出す

織田信長は、争いの多かった世の中をしずめ、全国を統一する途中で、家臣にたおされ、その後を、豊臣秀吉がつぎました。秀吉は、キリスト教の布教を認めていましたが、九州のキリシタン大名が、教会に土地を寄付していることを知ると、日本の土地が外国のものになっていることに腹を立て、キリスト教を取りしまるようになりました。

1587年には、大名がキリスト教を信じることに許可が必要とし、バテレン（宣教師）たちを日本から追い出しました。しかし、外国との貿易はやめなかったので、キリスト教の取りしまりは徹底されませんでした。

江戸幕府がキリスト教を禁止する

秀吉の死後、徳川家康が、江戸（現在の東京）に幕府を開きました。

家康は、ポルトガルやスペインが、キリスト教を広めるのは、その国に攻めこむための方法のひとつであると考えたことから、キリスト教を禁止しました。幕府は、キリシタンや宣教師を、処刑したり、国外に追い出したりして、厳しく取りしまりました。

幕府は、キリシタンが多い九州などで、イエスの絵をふませるなどして（絵踏）、キリスト教をやめさせようとしました。いっぽうで、ポルトガルやスペインの船が日本にやってくることを禁じました。

九州などで行われていた絵踏のようす。イエスなどの絵をふませ、キリシタンではないことを証明させた。

絵踏に使われたイエスの像。

写真／明治大学博物館（レプリカ）

シーボルト『NIPPON』より　福岡県立図書館蔵

江戸幕府は、日本人が海外と行き来するのを禁じたよ。

第1章 日本の宗教の歴史

キリシタンたちが一揆を起こす

1637年、九州の島原（現在の長崎県）や天草（現在の熊本県）の農民たちが、島原の乱（島原・天草一揆）という大規模な一揆を起こしました。この地域は、もともとキリシタンが多く、領主に重い年貢（税として納める米）をかけられた上に、キリシタンの取りしまりが厳しくなったことが原因でした。キリシタンの農民を主とする約3万人の一揆勢に対して、幕府は、約12万人の軍を送って、ようやく一揆をおさめました。これをきっかけに、幕府のキリシタン取りしまりはさらに厳しくなりました。

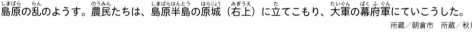

島原の乱のようす。農民たちは、島原半島の原城（右上）に立てこもり、大軍の幕府軍にていこうした。
所蔵／朝倉市　所蔵／秋月郷土館

一揆勢がかかげた旗。キリスト教を表す十字がえがかれている。一揆勢は、キリスト教への信仰によって団結していた。
所蔵／天草市立天草キリシタン館

一揆を指揮したとされる天草四郎の像。海の上を歩くなどの奇跡を起こしたという伝説がある。

信仰を守った人々

キリスト教が禁止され、キリシタンの取りしまりが厳しくなると、多くのキリシタンは、キリスト教を信じることをやめました。そのいっぽうで、キリスト教を捨てず、こっそり信仰を続ける人々もいました。このような人々は、潜伏キリシタン（潜伏は、見つからないようにすること）と呼ばれています。
しかし、長い間にキリスト教の教えは仏教の教えなどと混ざり、もともとの教えと変わってしまったものもあります。

江戸時代の宗教

江戸幕府は、仏教の宗派ごとに寺院を組織させるしくみをつくりました。一般の人々は、寺院に仏教を信仰していることを証明してもらわなければなりませんでした。

寺院を宗派ごとにまとめる

江戸幕府は、寺院に対する決まりを出し、仏教の勢力を幕府に従わせるようなしくみをつくりました。

仏教の宗派ごとに、最も上の立場となる寺院を本山とします。その下に、何段階もの寺院を組みこみ、末寺とします。全国の寺院はすべて、どこかの宗派に入り、末寺となって、本山に管理されます。

このような制度を、本末制度と呼びます。

幕府は、仏教の宗派が強い力を持たないようにしたんだ。

本末制度の例

本山 — 各宗派の最も上の寺院

末寺 — 本山に管理される寺院

一般の人は寺院の檀家になる

農民を始め、武士も神社の神職（神主さん）なども、すべての人は家ごとに寺院の檀家になります。檀家に対して、寺院は檀那寺と呼ばれます。

檀那寺は、檀家の葬式や法事（法要）を取り仕切り、檀家は檀那寺からお布施（お金など）を受け取ります。また、檀家は、幕府が禁じたキリシタンではなく、檀那寺の宗派に入っている人だということを証明してもらえます。

このしくみを寺請制度と言い、江戸時代を通じて行われました。

寺請制度 / **檀那寺**

お布施（お金など）をはらう。

キリシタンでないことを証明する。

檀家

寺院（檀那寺）と一般の人（檀家）の関係

檀家は、檀那寺を守る。その費用は檀家がはらう。そうしないと、檀家は、キリシタンでないという保証をしてもらえない。

旅行や引っこしなどで移動する場合には、檀那寺が書いた身分証明書（寺請証文）を持っていかなければならない。

檀那寺は、檀家の葬式や法事（法要）を行う。現在も葬式が仏教のやり方で行われるのは、このしくみのなごり。

第1章 日本の宗教の歴史

日本古来の精神を学ぶ

江戸時代半ばになると、日本に古くから伝わる書物を読み、日本古来の精神を研究しようとする学問がさかんになりました。これを、国学と言います。

国学者の本居宣長は、『古事記』や『日本書紀』を研究して、古代の人の生き方や考え方をまとめました。それをついだ平田篤胤も、古くからの神道を重んじました。

こうした考えから、国学者は神道と仏教を切りはなして考えることを説きました。また、日本のものが優れているという考え方は、外国を追いはらうべきだとする考え方にもなりました。

仏教と神道を区別する。

本居宣長　平田篤胤

民衆を救う宗教が生まれる

江戸時代後期の19世紀初めから半ばにかけて、民衆を救うことを目的とする、新しい宗教が生まれました。

黒住教、天理教、金光教などがそれに当たります。世の中がゆれ動く江戸時代末期に、人々の不安な気持ちが高まると、救われたいと思う民衆の気持ちをとらえて広まりました。

新しい宗教

黒住教	1814年に、備前（岡山県東部）の黒住宗忠が開く。天照大神を信仰する。
天理教	1838年に、大和（奈良県）の中山みきが開く。天理王命を信仰する。
金光教	1859年に、備中（岡山県西部）の川手文治郎（金光大神）が開く。天地金乃神を信仰する。

天理教教会本部の神殿（奈良県天理市）。礼拝（祈り）や祭典（祭りや儀式）が行われる。

写真／天理教

60年ごとに流行したおかげ参り

江戸時代には、約60年ごとに、全国各地から大勢が伊勢（三重県）の伊勢神宮にお参りに行くことがはやりました。これを、おかげ参りと言います。1830年のおかげ参りでは、約500万人が伊勢神宮にお参りしました。おかげ参りでは、親や店の主人などに無断で出かけてよいとされていました。

伊勢神宮にお参りする人々。

「伊勢参宮略図并東都大伝馬街繁栄之図」
国立国会図書館ウェブサイトより転載

神道と仏教を分ける

明治新政府は、神道を国のあり方のもとになるものとし、神道と仏教をはっきり分けるようにという命令を出しました。その後決められた憲法では、どの宗教を信じてもよいとされました。

政治と祭り（宗教）をひとつにする

1867年、江戸幕府がたおれ、新しい政府が国を治めることになりました。政府は、国のしくみを、天皇が中心だった昔にもどすとして、祭り（＝宗教）と政治が一体となったしくみをとるとしました。

国のしくみのもとにするとされたのは、神道です。神道は、天皇の先祖がこの国を治めるようになった神話がもとになっています。天皇を中心とした国づくりを進めるには、都合がよかったのです。

政府は、神道は宗教とは別であり、国のあり方のもとになる教えとして保護しました。

仏教に関係するものがこわされる

政府は、神道を特別にあつかうために、1868（明治元）年に、それまで神道と混じり合っていた仏教を、神道から切りはなす命令を出しました。

そのため、全国で、神社にあった仏教の建物をこわしたり、仏像をこわしたりする動きがおこりました。また、僧から神職（神主さん）になった人も大勢いました。寺院の中には、境内を公園に変えられたり、貧乏になって貴重な仏像などを売らなければならなくなったりするところもありました。このように、仏教を攻撃する動きを、廃仏毀釈と言います。

明治時代の初めの廃仏毀釈でこわされてしまった仏像。

仏教のお経などを焼く神職（右）と、それをなげいている僧（左）。

「開化乃入口」国立国会図書館ウェブサイトから転載

第1章 日本の宗教の歴史

初めは禁止されたキリスト教

明治時代になって、日本には、外国の文化が入ってくるようになりました。しかし、政府は、江戸時代と同じように、キリスト教を禁止すると書かれた高札（政府の命令が書かれた木の立て札）をかかげていました。これに対して、イギリスやフランスなどのキリスト教の国から、政府に強く抗議する声が上がりました。

1873（明治6）年、キリスト教を禁じると書いた高札をはずし、キリスト教を信じる人の取りしまりをやめるようになりました。

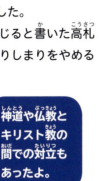

神道や仏教とキリスト教の間での対立もあったよ。

憲法で宗教を自由に

明治時代が進むにつれ、国のしくみが整えられていきました。

1889（明治22）年には、国の政治のもとになる憲法（「大日本帝国憲法」）という決まりが発表されました。

この中で、宗教について、「日本臣民ハ安寧秩序ヲ妨ケス及臣民タルノ義務ニ背カサル限ニ於テ信教ノ自由ヲ有ス」と書かれていました。これは、「日本国民は、国をさわがしたりせず、国民の義務に反しない範囲で、どのような宗教を信じてもよい」という意味です。

完全に自由ではないとは言え、自由に宗教を信仰してよいと認められたのです。ただし、神道は、国民の道徳のようなものとして、宗教とは別のあつかいでした。

外国に出ていった美術品

明治時代初期におこった廃仏毀釈の動きのために、貧乏になった寺院の中には、仏像や仏画などの美術品を売りに出すところもたくさんありました。

それらは、今では考えられないような安い値段で売られてしまいました。また、この時期に、外国人の手にわたり、海外に出ていった美術品も数多くあります。

フランスのパリにあるギメ東洋美術館には、明治時代に日本から出ていった仏像などのコレクションがある。

Alamy / PPS 通信社

27

戦前と戦後で変わった神道

明治時代以降、国は、政治の柱として神道を重んじました。しかし、第二次世界大戦後、国のしくみが大きく変わり、神道をふくめた宗教に、国が関係することが禁じられました。

国が神道を重くあつかう

明治時代から、国のしくみや国民の道徳のもととして神道が重んじられました。

やがて、学校でも、天皇が神様であるとか、日本は神様に守られた国だと教えられるようになりました。そして、国民は、天皇や国のためにつくすようにと教えられることになっていきます。

日本が、朝鮮半島や中国、東南アジアを侵略するようになった時、神道の考えが、その背景にあったという意見もあります。

昔の小学校には、天皇と皇后の写真を大切におさめた、奉安殿と呼ばれる建物があった。写真は、戦後、神社に移されたもの。

修身（現在の道徳に当たる）の教科書には、天皇をうやまうことが大切であると書かれていた。

尋常小学修身書：児童用．巻2
国立国会図書館ウェブサイトから転載

国が保護した神道は、国家神道と呼ばれるよ。

南の島に建てられた神社

20世紀初めの第一次世界大戦に勝った日本は、西太平洋の南洋諸島を治めることになりました。日本は、あちこちの島に、神社を建てました。

これらは、南洋諸島にいた日本人がお参りするためでしたが、神様の国である日本が治めるということを示すためでもあったと考えられます。

北マリアナ諸島の島に建てられた南興神社のあと。現在は、キリスト教の墓地になり、鳥居だけが残っている。

第1章 日本の宗教の歴史

アメリカが神道を国家と切りはなす

　1945（昭和20）年、日本は、アメリカやイギリスなどとの戦争に負けました。日本は、アメリカやイギリスなどの連合国に占領され、国のしくみが大きく変わりました。
　大きな変化として、国が神道や神社を保護することが禁じられました。戦争を引き起こした国と神道のつながりが切りはなされることになったのです。
　翌年の1946（昭和21）年には、天皇自身が「自分は神様ではない」と述べ（人間宣言）、国民は天皇につくさなければならないとする考えは改められました。

政治や教育から神道を切りはなす
マッカーサー

国と宗教を切りはなす

　1946（昭和21）年に公布（発表）され、翌年に施行（実施）された新しい憲法（「日本国憲法」）では、第20条で「信教の自由は、何人に対してもこれを保障する」と定められました。また、どんな宗教団体も国から特別にあつかわれることがないようにとされています。連合国の指令と同じように、国と神道は完全に切りはなされました。現在は、国、国民、宗教団体は、下のような関係にあることが決められています。

国民は、だれでも、どのような宗教を信じてもかまわないと、国が保障する。また、自分が参加したくない宗教の儀式などに無理に参加させられることはない。

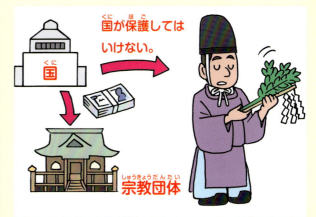

国は、宗教や宗教団体を保護したり、お金を出すなど、特別あつかいしてはならない。宗教団体は、政治への口出しをしてはならない。

国や市町村などは、宗教に基づく教育をしてはならない。また、宗教的な活動（祭りや儀式など）をしてはならない。

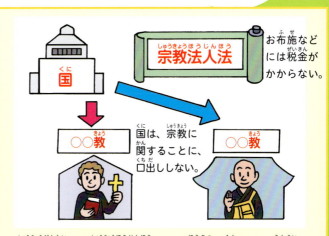

宗教団体は、宗教法人法という法律に基づいて運営される。宗教団体本来の活動には税金がかからない。国は、宗教団体に対して、宗教に関することには口出ししない。

現代の日本の宗教の特ちょう

日本人は昔から、神道や仏教を信じてきましたが、現在は決まった宗教を持たない人が多いと言われます。日本の宗教には、どのような特ちょうがあるのでしょうか。

日本人と宗教

宗教別の信者数をたすと、日本の総人口（約1億2700万人・2016年）をはるかに上回ります。これは、宗教団体が届け出た信者の数をたしたもので、ひとりで2つ以上の宗教を信じている人がいる場合があるからです。

キリスト教やイスラム教は、唯一絶対の神を信じ、ほかの宗教を受け入れることはありません。それに対して、日本に昔からあった神道は、もともと、たくさんの神様を信じるため、ほかの宗教の神様や仏様が入ってきても、受け入れやすいのではないでしょうか。

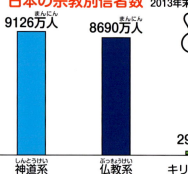

日本の宗教別信者数　2013年末現在
- 神道系　9126万人
- 仏教系　8690万人
- キリスト教系　295万人
- その他　907万人

「日本国勢図会 2016/17」

数をたすと、日本の人口をはるかに上回る。

くらしの中にいろいろな宗教がある

お正月は神社に行ってお参りして神様に祈り、キリスト教のお祝いであるクリスマスもさかん。結婚式はキリスト教、葬式は仏教。このように、日本では、行事なども、いろいろな宗教が混ざっています。

七福神というのは、縁起のよい7人の神様とされています。

しかし、その中には、日本の神様もいれば中国やインドの神様も入っています。これも、日本人が、いろいろな神様を受け入れることを示していると考えられます。

神道の神様をおがむ初もうで。　©PIXTA

キリスト教式の結婚式。　©PIXTA

仏教のやり方で行う葬式。　©PIXTA

キリスト教のお祝いのひとつ、クリスマス。　©PIXTA

❶寿老人
中国の道教の神様。

❷毘沙門天
ヒンドゥー教の神様。

❸福禄寿
中国の道教の神様。

❹大黒天
ヒンドゥー教の神様。

❺弁才天
ヒンドゥー教の神様。

❻布袋
中国の僧が日本に来た姿。

❼恵比寿
日本の神話に出てくる神様。

第1章 日本の宗教の歴史

宗教についてのさまざまな問題

宗教をめぐっては、いろいろな問題もあります。宗教と政治との関係、宗教をよそおってお金をだましとる問題、宗教と伝統などの問題があります。これらの問題は、宗教の歴史とも関係しています。私たちは、宗教を正しく理解して、どうするのがよいか考えなければなりません。

首相は靖国神社に行ってはいけないの？

日本の首相や大臣が靖国神社にお参りすることが問題になることがあります。靖国神社は、戦争で死んだ人をまつっていますが、その中に戦争の責任者もふくまれるため、戦争の被害を受けた中国や韓国から抗議を受けるのです。

地鎮祭の費用を出してもいいの？

三重県津市で、公共施設が建てられる際の地鎮祭（安全を祈る神道式の儀式）の費用を地方自治体が出したことが問題になりました。地方裁判所は憲法に合っていないとしましたが、最高裁判所は、憲法に合っているとしました。

あやしい品物を売るのは宗教？

「悪いことが起こるのは、先祖のたたりのせいです。このつぼを買うと、よいことが起こります」などと言って、高い品物を売りつける商売があります。宗教のように見せかけて、悪いことをするやり方は許されません。

伝統的な習慣などがうすれている？

墓参りやお盆など、昔から行われてきた宗教に関係する行事や習慣が、だんだん行われなくなってきていると言われます。時代が移り変わる中で、伝統を守ることも大切なことなのですが…。

ふだんの行動や習慣のもとは？

あまり気づきませんが、私たちのふだんの行いや習慣、考え方には、神道の考えのほか、中国の宗教がもとになっていると考えられるものもあります。
次のページからは、中国で生まれた宗教を見ていくことにしましょう。

これも宗教？

目上の人を尊敬する。

不思議な能力を持つ仙人がいる。

食事の前の「いただきます」。

第2章 中国の宗教の歴史

孔子の教えがもとになった儒教

中国では、紀元前6～前5世紀に活やくした孔子の考えがもととなって儒教が始まり、その後、長く政治のしくみや人々の生き方の基本になりました。

儒教を始めた孔子

紀元前8世紀ごろから、中国は、小さな国に分かれて争いが続くようになっていました。紀元前6世紀に生まれた孔子は、乱れた世の中をまとめるために、王はどうあればよいのか、人はどう生きればよいのかという考えを説きました。孔子の教えは、儒教としてまとめられ、中国だけでなく、東アジアの広い地域に広まりました。儒教は、人の生き方を説く道徳のようなものですが、広い意味での宗教と考えられます。

孔子の像。
aphotostory / Shutterstock.com

紀元前5世紀、中国ではいくつもの国が争いをくり返していた。

魯という国にいた孔子は…、
「乱れた世の中をまとめるには、昔の制度にもどさなければならない。」
「道徳や礼儀が大切だ。」
孔子

54歳で司法大臣になる。
司法大臣

しかし、ほかの家臣との争いに敗れる。
「私は旅に出る。」

中国のあちこちの国を旅して、国王に、理想的な政治を説くが…。
「理想的な政治が行われるよう、ぜひ私をやとってください。」
「いや。わが国ではやとえない。」

69歳で魯に帰り、多くの弟子を育てた。
「『仁』が大切だ。」
「『仁』とはどのようなものですか。」

「人を愛することだ。」
「ほ〜」

孔子のことばは、『論語』としてまとめられた。

孔子は人が生きる上で大切なこととして、仁、礼、孝などを挙げています。儒教は、孔子の後、孟子や荀子によって受けつがれました。
漢の時代の紀元前2世紀には、儒教が国の学問とされ、その後、長く中国の政治や社会のしくみの基本となりました。

仁 人と親しみ、人を思いやる気持ち。

礼 行動や発言、服装など、社会でのマナー。

孝 親をうやまい、そのことばに従う。

第2章 中国の宗教の歴史

思いやりを大切にする儒教

儒教では、国を治める王は、武力で民衆を従わせるのではなく、優れた人がらによって、民衆が自然に従うようにすることが大切と説きます。そうすることで、人々は身分の上下をわきまえ、国が平和で安定するとされます。

中国では、天に神様（天帝）が住むと信じられていました。儒教では優れた王が国を治められるのは、天帝が許しているからとします。中国の皇帝（王）にとっては、自分が国を治めているのは、天帝が許しているからだと言える、都合のよい考え方でした。

仁や孝を広げることで、自然とよい社会になる。

儒教は、やがて宗教として、各地に孔子をまつる孔子廟がつくられました。また、儒学（儒教を研究する学問）を学ぶ学校もつくられました。

日本でも、江戸時代に儒学がさかんになり、孔子廟がある学問所がつくられました。

儒教では、人を思いやる気持ちである「仁」が大切だと説いています。また、親への孝のように、身近な道徳を基本として、それを周りに広げていけば、よい社会ができると考えられました。

孔子をまつる孔子廟。 ©PIXTA

現代の日本にもある儒教の考え

儒教は、仏教が伝わる6世紀より前に、日本に伝わりました。中国と同じように、長い間、人々が守るべき道徳と考えられてきました。現在でも儒教がもとになった考え方が見られます。

親を尊敬し、親のことばに従う。

年上の人を目上の人としてうやまう。

家族と仲よく過ごし、大切に思う。

気づかないけど、儒教の教えがもとになっていることは多いよ。

33

老子の教えがもとになった道教

中国の老子は、あるがままの状態に逆らわないことで安らぎを得ることができるとする教えを説きました。これに、古くからあった自然をうやまう考え方が加わって、道教が生まれました。

老子や荘子の考えがもとになる

道教を開いたとされる老子は、その一生がよくわかっていません。宇宙の根本的な原理であり、人が守らなければならない教えを「道」として、人はあるがままの自然に生きることで「道」に達することができると説きました。

紀元前4世紀ごろ、荘子は、老子の教えを発展させました。「道」にすべてを任せ、天と一体になることで、心が安らかになると説きました。

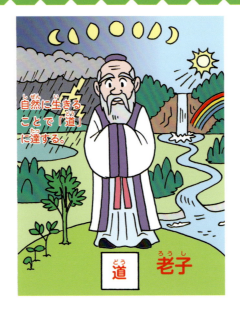

自然に生きることで「道」に達する。

道 老子

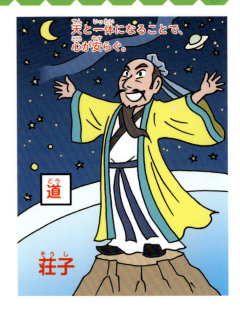

天と一体になることで、心が安らぐ。

道 荘子

中国にあった、自然をうやまう考え

中国には、古くから、自然をうやまう考えがありました。その中に、あらゆるものを陰と陽に分ける陰陽五行説や、仙人をめざす神仙思想がありました。老子や荘子の考えに、これらが加わって、道教になりました。

道教としてまとまったのは、4世紀ごろだよ。

陰陽五行説

光とやみ、昼と夜、火と水のように、あらゆるものは、おたがいに対立する2つのもの（陰と陽）に分けられるとします。また、自然のすべてのものは、木、火、土、金、水の5種類からできていて、これらは、おたがいに関係しているとする五行の考えがありました。陰陽と五行が結びついた考えが、陰陽五行説です。

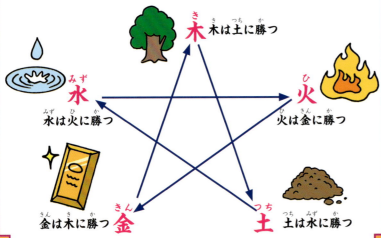

神仙思想

「遠い山おくや、海の上には、空を飛んだりする能力を持つ仙人が住んでいる。仙人は、長生きし、年をとってもおとろえず、死ぬこともない（不老不死）」と信じ、修行することで仙人になることをめざす考えです。中国の皇帝が、不老不死になれる薬を探させたこともあります。

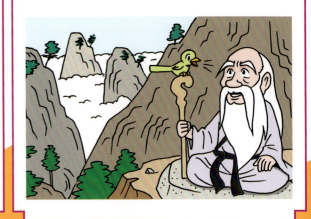

第2章 中国の宗教の歴史

自然と調和する生き方を

　老子が説いた、あるがままの自然に生きることを、「無為自然」と言います。流れに身を任せ、自然と調和することで、宇宙で最も大切な「道」に行き着くことができるとしたのです。

　老子や荘子は、孔子の儒教は、人の手が加わったものだとして、批判しました。

　道教は、その後、国教（国が定めた宗教）にされたこともあります。また、民衆の間で信仰され、現在に続いています。

さまざまな神様を信じる

　道教では、あらゆるものが神様であり、中国で古くから信じられていた神様のほか、仏教の神様や仙人、皇帝や英雄なども神様に加え、数多くの神様を信仰します。

天に住む神様

民間信仰の神様 　　**英雄も神様**

天に住む神様（尊神）の例

太上老君	道教を開いた老子を神様としたもの。
玉皇大帝	天の世界を支配する神様。
天皇大帝	天の北極（星々の中心）を神様としたもの。
星辰神	季節や時間の神様。
玄武、青龍、朱雀、白虎	東西南北を、それぞれ守る神様。

玉皇大帝の像。
Keepsmiling4u / Shutterstock.com

民間信仰の神様（俗神）の例

禹王	古代にいた、聖人とされる帝。
関帝	魏、呉、蜀が争った三国時代の武将、関羽。

関帝の像。　©PIXTA

皇帝や英雄の神様の例

徐福	不老不死の薬を求めて旅に出たとされる英雄。
孔子、老子など	古代の聖人や英雄。

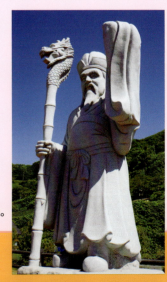
徐福の像。

仏教が伝わり、さかんになる

インドで生まれた仏教は、1世紀ごろには中国に伝わりました。4世紀に広まり、後にお経（経典）の翻訳が進みました。中国の仏教は、儒教や道教と混じり合い、独自に発展しました。

インドから仏教が伝わる

1世紀ごろに、インドから中国に仏教が伝わりました。中国各地に広まったのは4世紀後半です。寺院（お寺）や仏像がつくられ、仏様の絵がえがかれました。

仏教は、中国北部では民衆にまで広がり、南部では貴族たちの間に広まりました。

雲崗の石仏（中国山西省）。5世紀につくられた。

Jun Mu / Shutterstock.com

お経の翻訳が進む

仏教が広まると、お経（経典）が中国語に翻訳されるようになりました。4〜5世紀には、インド出身の僧、鳩摩羅什が中国に来て、たくさんのお経を翻訳しました。しかし、たくさんのお経が翻訳されるうちに、教えに食いちがいが見られるようになりました。

そこで、中国の僧の玄奘や義浄は、インドに行ってお経を持ち帰りました。かれらが持ち帰ったお経が翻訳され、中国での仏教の研究が進みました。

玄奘の旅

玄奘の行路 629〜645年

玄奘は、三蔵法師とも言われます。日本では、孫悟空などがおともをして冒険の旅をする『西遊記』に登場する僧として知られています。

玄奘は、16年もかけてインドで学び、お経を持ち帰りました。唐（中国）の皇帝に命じられて、持ち帰ったお経を翻訳しました。

玄奘が持ち帰った仏像やお経がおさめられた大雁塔（中国西安市）。

Amy Nichole Harris / Shutterstock.com

第2章 中国の宗教の歴史

儒教や道教と混じり合う

中国には、仏教が伝わる前から、儒教や道教の教えがあり、重んじられていました。仏教には、儒教や道教とちがう内容があり、初めのころはなかなか広まりませんでした。そこで、仏教を広めようとする人々は、仏教にも儒教や道教と似ているところがあると説きました。また、儒教や道教も、時代に合わせて教えを新しくするために、仏教の教えを取りこみました。

こうして、儒教、道教、仏教は混じり合っていきました。

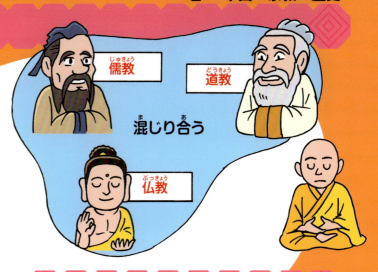

たくさんの学派ができる

仏教は、中国で発展し、浄土宗（浄土教→14ページ）や禅宗（→17ページ）のような新しい宗派ができました。

5～6世紀には、中国での仏教は大きく発展し、数万もの寺院ができるほどになりました。お経（経典）の研究が進み、どのお経を重要とするかによって、いくつもの集団ができました。これらの集団は、お経をどう読み取るかについて、ほかの集団と議論をしました。

これらの集団は、13に分類され、十三宗と呼ばれました。

チベット仏教が生まれる

現在の中国南西部のチベットには、7世紀にインドから仏教が伝わりました。チベットでは、もともとあった民間の信仰と混じり合って、チベット仏教（ラマ教）が生まれました。チベット仏教では、ラマと呼ばれる高僧を指導者として、ラマから民衆に教えが伝えられます。チベット仏教は、後に、モンゴルに伝わって広まりました。

チベット仏教の礼拝（祈り）の方法。両手、両ひざ、額を地面につけるもので、五体投地と呼ばれる。

Grigory Kubatyan / Shutterstock.com

チベット仏教の指導者は、ダライ・ラマと言うよ。

モンゴル人に広まったチベット仏教

13世紀半ば、チベットは、モンゴルに支配されるようになります。しかし、宗教については、モンゴル人がチベット仏教を信仰するようになりました。

その後、チベット仏教の高僧のパスパが、元（モンゴル帝国）の皇帝の師（先生）になったこともあり、元の中では、チベット仏教が大きな力を持ちました。

モンゴルで最も古いチベット仏教の寺院、エルデネ・ゾー。

xander / Shutterstock.com

37

さまざまな宗教が伝わる

その後、中国には、さまざまな宗教が伝わりました。16世紀には、ヨーロッパからやってきた宣教師たちがキリスト教を伝える活動をしましたが、あまり広まりませんでした。

さまざまな宗教があった唐の長安

中国では、7世紀初めに唐ができ、長安（現在の西安）を都としました。長安には、各地から使節や留学生、商人などが集まり、さまざまな宗教も入ってきました。

もともと中国にあった儒教や道教のほか、キリスト教の宗派のひとつのネストリウス派（景教）、イランで生まれたゾロアスター教（祆教）、3世紀にマニがおこしたマニ教の信者がいました。

長安は、さまざまな人々と宗教が集まる国際都市だったのです。

イスラム教やキリスト教が伝わる

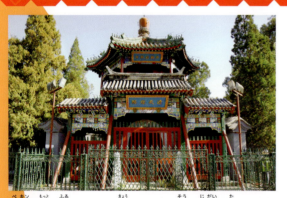

北京で最も古いイスラム教のモスク。宋の時代に建てられた。
claudio zaccherini / Shutterstock.com

13世紀に、モンゴルが領土を広げ、大帝国をつくりました。モンゴルは、13世紀後半に宋（中国）をほろぼし、元という国を建てます。元には、チベット仏教を始め、さまざまな宗教がありました。

イスラム教は、7世紀から中国に入ってきていましたが、元の時代になって、イスラム教徒の商人の行き来がさかんになったことから、中国にもイスラム教が次第に広まりました。

13世紀末には、ローマ教皇の使者として、修道士（キリスト教の修行者）のモンテ＝コルヴィノが元の都の大都（現在の北京）を訪れました。コルヴィノは、大都に教会を建て、キリスト教を伝えました。

マテオ＝リッチが中国を訪れる

16世紀半ばから、ヨーロッパの宣教師（キリスト教を広めようとする人）が、明（中国）にやってくるようになりました。日本にも来たフランシスコ＝ザビエル（→20ページ）は、インドから中国へ向かう途中で亡くなりました。16世紀末に中国に来たマテオ＝リッチは、中国の士大夫（儒教の知識のある指導者）に、科学の知識と共にキリスト教を伝えました。

『坤輿万国全図』。マテオ＝リッチがつくった世界地図に色を着けたもの。地理の新しい知識を、中国に伝えた。

所蔵／宮城県図書館

マテオ＝リッチの像。中国の服装を受け入れながら、布教に努めた。
beibaoke / Shutterstock.com

第2章 中国の宗教の歴史

社会をさわがした太平天国の乱

17世紀には、明が清にほろぼされました。清の時代には、宣教師が西洋の技術を伝える人としても活やくしましたが、キリスト教が禁止される時期もありました。

19世紀には、清の力が弱まり、やがて、各地で反乱が起こるようになりました。1851年、洪秀全が中心となって兵を挙げ、太平天国という国を建てました。洪秀全は、キリスト教を知り、自分をイエスの弟であるとして、宗教の組織をつくっていました。

洪秀全たちの反乱は、太平天国の乱と呼ばれ、民衆を巻きこんで、1864年まで続きました。

洪秀全の像。

太平天国が使った印。青い四角で囲んだところがイエスを表し、天の兄としている。

中華人民共和国とキリスト教

20世紀初めに清がほろびて中華民国ができましたが、やがて、日本軍の侵略や国内の勢力の争いのために、中国は混乱の時期にありました。

1949年、共産党の中華人民共和国が誕生しました。共産党は、宗教は非科学的だとして否定します。

中国政府は、国内のキリスト教の教会を認めず、政府の言うことを聞く組織の下に置こうとしました。これに反発して、カトリック教会を指導するバチカン市国（ローマ教皇庁）は、現在も中華人民共和国を国として認めていません。

キリスト教徒が多い韓国

朝鮮半島では、14世紀までは仏教がさかんでした。しかし、1392年に朝鮮王朝ができると、仏教はおさえられ、儒教が国教とされました。

16世紀末にキリスト教が伝えられますが、たびたびおさえつけられ、19世紀末にようやくキリスト教が認められます。1910年に、日本が朝鮮半島を植民地にすると、神道をおしつけようとしたため、それに反発してキリスト教の信者になる人が増えました。

現在の韓国では、カトリックとプロテスタントを合わせたキリスト教徒が、たくさんいます。

ソウルにある明洞聖堂。1898年に完成した、韓国で最も古いカトリックの教会。

Oleg Zartdinov / Shutterstock.com

第3章 インド・東南アジアの宗教の歴史
インドの宗教の始まり

インドでは、インダス文明が栄えた後にバラモン教がおこり、インドの社会の基礎をつくりました。その後、バラモン教を否定する仏教とジャイナ教がおこりました。

インダス文明が栄える

インドでは、紀元前2600年ごろに、インダス川沿いに、インダス文明がおこりました。現在残っている遺跡からは、きちんとした計画に基づいてつくられた住宅や浴場、道路があったことがわかっています。

また、後の時代のヒンドゥー教の神様の元の姿と考えられる像が見つかっています。

インダス文明の遺跡、モエンジョ＝ダーロ。れんがづくりの街並みのあとが見られる。

suronin / Shutterstock.com

ヴェーダを聖典とするバラモン教

インダス文明は、紀元前1800年ごろまでにほろびました。紀元前1500年ごろ、中央アジアからインドに、アーリヤ人が入りこみました。アーリヤ人は、太陽やかみなりなどの自然をうやまう宗教を信仰していました。アーリヤ人の宗教は、ヴェーダという書物にまとめられました。

アーリヤ人は、もともとインドに住んでいた人々を支配しますが、その中で、バラモン、クシャトリア、ヴァイシャ、シュードラという身分に分け、自分たちは最も身分の高いバラモンとなりました。バラモンは、宗教の祭りなどを行う立場で、かれらが行う宗教をバラモン教と言います。バラモン教の聖典（教えがまとめられている書物）は、ヴェーダです。

アーリヤ人 最も高い身分（バラモン）になる。

ヴェーダ バラモン教の聖典。4種類ある。

自然をうやまう。

バラモンが、バラモン教の祭りを行う。

 支配する。

この身分制度は、現在もインドに残っているよ。

もともとインドにいた人々
下の身分にされる。

第3章 インド・東南アジアの宗教の歴史

ブッダが仏教をおこす

バラモン教は、身分が最も高いバラモンが、祭りなどを複雑にして、自分たちだけしかできないようにしていました。

紀元前6〜前5世紀に、シャカ族の王子、ゴータマ・シッダールタ（ブッダ）は、バラモンが最高であるとする身分の差別はおかしいとし、仏教をおこしました。

インドでは、生き物は生と死を永遠にくり返す輪廻転生という考えがありました。ブッダは、欲望や迷い（ぼんのう）を捨て、真理（正しい考え）を知ることで、輪廻からのがれられると説きました。

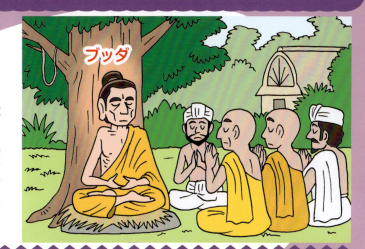

バラモン教を否定したジャイナ教

ブッダが仏教をおこしたのと同じころ、バラモン教の祭りのあり方やヴェーダを否定して、ヴァルダマーナがおこした宗教が、ジャイナ教（→48ページ）です。

ジャイナ教は、苦しい修行と生き物を殺さないことを重んじています。

ジャイナ教の像。 Denis Dymov / Shutterstock.com

仏教を重んじたアショーカ王、カニシカ王

紀元前4世紀、インドは、マウリヤ朝という国が統一します。紀元前3世紀に位についたアショーカ王は、仏教を信じ、武力ではなく、法（ダルマ）によって国を治めようとしました。王は、仏教の教えをまとめるなど、仏教が広まるよう努めました。

1世紀にできたクシャーナ朝のカニシカ王も、仏教を重んじました。

1世紀につくられた、サーンチーの仏塔（ストゥーパ）。ブッダの骨をおさめているとされ、仏教徒が信仰した。

アジアに広がる仏教

インドで生まれた仏教には、やがて大乗仏教という宗派がおこり、アジア各地に広がっていきました。しかし、その後、インドでは仏教はおとろえました。

新しい仏教が生まれる

紀元前後、仏教の中に、新しい運動がおこりました。仏教はもともと、修行によって自分が救われるというものでした。しかし、それは自分のことしか考えないものでおかしい、大勢を救うほうが大事ではないかというのが、新しい考え方です。この考え方は、すべての人が乗って救われる大きな乗り物にたとえられ、大乗仏教と呼ばれます。これに対して、それまでの仏教は、上座部仏教と呼ばれます。

大乗仏教は、大きな乗り物にたくさんの人を乗せることにたとえられる。

ブッダの像がつくられるようになる

仏教が広まった初めのころは、ブッダの姿を表す像は、おそれ多いとされて、つくられたり、えがかれたりしていませんでした。しかし、クシャーナ朝（→41ページ）の時代になると、仏像がさかんにつくられるようになりました。

また、ブッダの教えをまとめたお経（経典）もつくられるようになりました。仏像とお経が伝えられることによって、仏教がさらに広まっていきました。

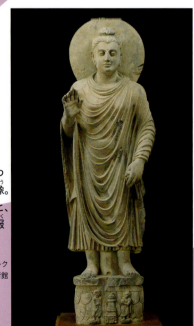

ガンダーラでつくられた仏像。ほりの深い顔と、ひだのある衣服が特ちょう。

写真／平山郁夫シルクロード美術館

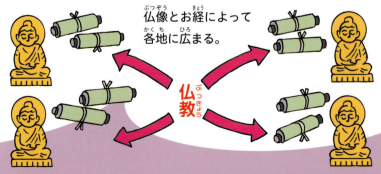

仏像とお経によって各地に広まる。

第3章 インド・東南アジアの宗教の歴史

アジア各地に広がる仏教

やがて仏教は、インドからアジアの各地に広がりました。大乗仏教は、中国から、朝鮮半島、日本、ベトナムへ、上座部仏教は、スリランカ、ミャンマー、タイ、カンボジアなどへ伝わりました。また、チベットに伝わった仏教は、チベット仏教を生み（→37ページ）、モンゴルに伝わりました。日本には、6世紀に仏教が伝えられ、その後の政治や社会に大きなえいきょうをあたえました。

インド西部のアジャンターにある仏教の壁画。
yakthai / Shutterstock.com

聖徳太子（厩戸王）

インドに学ぶ僧たち

6世紀ごろになると、インドではヒンドゥー教がさかんになってきますが、仏教やジャイナ教も保護され、仏教の研究も行われていました。7世紀には、中国（唐）の僧、玄奘がインドのナーランダー僧院で仏教を学び、たくさんのお経（経典）を持ち帰りました。7世紀後半には、義浄という僧が海をわたってインドを訪れ、ナーランダー僧院で学んでいます。

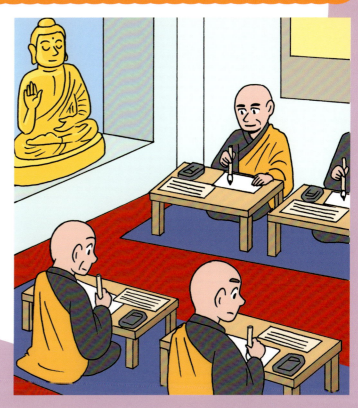

ナーランダー僧院。5世紀にインド東部に建てられた、仏教の大学。
PeoGeo / Shutterstock.com

ヒンドゥー教の広がり

4世紀ごろから、インドではバラモン教をもとにしたヒンドゥー教が広まります。たくさんの神々を信じるヒンドゥー教は、長くインドで信仰されることになりました。

バラモン教からヒンドゥー教がおこる

インドでは、一時、バラモン教を否定する仏教やジャイナ教が勢力をのばし、バラモン教の勢力がおとろえました。

インドには、もともと、たくさんの神様を信じる民間の信仰がありました。バラモン教に、これらの民間の信仰が加わり、さらに仏教やジャイナ教の要素も加えて、次第にかたちづくられたのがヒンドゥー教です。

ヒンドゥー教は、決まった教えや聖典はなく、日常の生活やものの考え方のもとになる教えとして広まっていきました。

ヒンドゥー教に取りこまれる仏教

ヒンドゥー教が広まるにつれて、インドの支配者は、仏教を重んじないようになりました。また、6世紀半ばから、仏教やジャイナ教を攻撃する運動がさかんになりました。

また、仏教で説く仏様は、もともとはヒンドゥー教の神様が姿を変えただけと考えられるようになりました。このようにして、仏教は次第にヒンドゥー教に取りこまれていき、インドではおとろえてしまいました。

インドの人々に合ったヒンドゥー教

ヒンドゥー教の寺院。たくさんの神々がほられている。

ヒンドゥー教で信仰されるシヴァ神の像。

ヒンドゥー教でも、仏教と同じように、永遠の生まれ変わり（輪廻転生→41ページ）からのがれることをめざします。また、たくさんの神々を信仰することは、インドにもともとあった考え方で、ヒンドゥー教の神々は親しみやすいものでした。

ヒンドゥー教のこうした考え方は、インドの人々に合っていたため、長く信仰されることになったようです。

第3章 インド・東南アジアの宗教の歴史

イスラム帝国が支配し、イスラム教が広まる

7世紀にアラビア半島で生まれたイスラム教は、次第に信者を増やし、イスラム教の人々の国の領土を広げていました。

13世紀初めに、インドに初めてのイスラム教の国（奴隷王朝）ができました。その後、16世紀にできたムガル帝国が19世紀にほろびるまで、イスラム教の国がインドを治めました。

しかし、インドの人々に対してイスラム教がおしつけられることはなく、ヒンドゥー教と共に信仰されていました。また、インドの文化とイスラム文化が混じり合ったインド＝イスラム文化がおこりました。

クトゥブ・ミナール。インドにあるイスラム教の塔。高さ72.5mある。
mdsharma / Shutterstock.com

ヒンドゥー教とイスラム教からシク教ができる

15～16世紀には、イスラム教とヒンドゥー教を結びつける信仰がさかんになりました。その中で、ナーナクがシク教を始めました。

シク教は、ヒンドゥー教にあった差別を否定する考えと、イスラム教の、神の前では平等とする考えをもとにつくられました（→49ページ）。

唯一の神を信じ、偶像崇拝（神の姿をえがいておがむこと）を禁止します。

19世紀には、シク教の国ができるほどになりました。

シク教を開いたグル・ナーナク。
Bridgeman Images / PPS通信社

シク教の黄金寺院（インド・パンジャーブ州）。
saiko3p / Shutterstock.com

インドとパキスタンが分かれて独立

18世紀から、イギリスがインドに進出して、次第にインドを植民地にしていきました。

第二次世界大戦後の1947年、インドはイギリスから独立しますが、ヒンドゥー教徒の多いインドと、イスラム教徒の多いパキスタン（現在のパキスタンとバングラデシュ）は、別々に独立しました。この時、カシミール地方を治めていた王は、インドに加わろうとしましたが、イスラム教徒が多かった住民は、パキスタンに加わることを望みました。そのため、インドとパキスタンの間で戦争になり、現在も両国の対立は続いています。

また、スリランカには仏教徒が多く、1948年に、セイロンとして独立しました。

カシミール地方をめぐる問題は、長年解決していないよ。

パキスタンにある、イスラム教のモスク。
Jahanzaib Naiyyer / Shutterstock.com

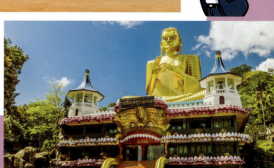

スリランカにある仏像。
Nila Newsom / Shutterstock.com

東南アジアの宗教

東南アジアの国々では、主に、仏教、イスラム教、キリスト教が信仰されています。それぞれの国の宗教には、その国が歩んできた歴史が関係しています。

上座部仏教が多いタイ、ミャンマーなど

古い時代の仏教の教えを残している上座部仏教は、インドからセイロン（現在のスリランカ）を通って、ミャンマー、ラオス、タイ、カンボジアへ伝えられました。この地域は、現在も上座部仏教の信者が多い地域です。タイでは、男子は一生に一度は出家（お寺に入って修行すること）するものとされています。

タイの仏教の僧。
Wasu Watcharadachaphong / Shutterstock.com

タイの仏教寺院（お寺）。
Witthaya Khampanant / Shutterstock.com

仏教の遺跡もたくさん残っているよ。

ミャンマーの仏教寺院（お寺）。
Galyna Andrushko / Shutterstock.com

大乗仏教が多いベトナム

ベトナムは、中国から大乗仏教が伝わったため、大乗仏教の信者が多い国で、国民の約80％が仏教徒です。仏教の中でも、禅宗や浄土教がさかんです。

このほかに、20世紀前半に、儒教、道教、仏教、キリスト教、イスラム教の教えをもとにしてできたカオダイ教を信仰する人もいます。

ベトナムで最も古い寺院、チュア・チャンクオック（鎮国寺）。十重の塔がある。

martinho Smart / Shutterstock.com

46

第3章 インド・東南アジアの宗教の歴史

イスラム教が広がったインドネシア、マレーシア

13世紀から、イスラム世界の商人が、東南アジアを訪れるようになりました。かれらは、船に乗ってやってきて、島を中心に活動しました。

13世紀末には、スマトラ島（インドネシア）に、東南アジアでは初めてのイスラム国家ができました。

その後も、インドネシアやマレーシアにイスラム教が根づき、現在も、国民の多くはイスラム教徒です。イスラム教徒が1億人をこえるインドネシアは、世界で最もイスラム教徒の多い国です。

インドネシアの女性。イスラム教徒であることを示すヒジャブを巻いている。
Dino Geromella / Shutterstock.com

インドネシアにある、イスラム教のモスク。
Nadezda Murmakova / Shutterstock.com

モスクで祈る、マレーシアのイスラム教徒。
Mawardi Bahar / Shutterstock.com

キリスト教の国、フィリピン

フィリピンは、16世紀からスペインの植民地になりました。スペインは、キリスト教のカトリックを信仰する国だったので、フィリピンにもカトリックが広まりました。

現在のフィリピンでは、国民の約90％がキリスト教徒で、その大部分がカトリックです。カトリックに関する祭りや行事が盛大に行われます。

フィリピンにある、キリスト教の教会。
hans engbers / Shutterstock.com

キリスト教の祭り。
Tony Magdaraog / Shutterstock.com

クリスマスの準備の品物が売られている商店。
junpinzon / Shutterstock.com

47

アジアのさまざまな宗教

アジアには、仏教やイスラム教、ヒンドゥー教が多いですが、そのほかにも、さまざまな宗教があります。ほかの宗教のえいきょうを受けながらも、独自の教えを伝えています。

火をあがめるゾロアスター教

紀元前1200年ごろ（または紀元前600年ごろ）に、古代ペルシア（現在のイラン）にいたゾロアスター（ザラスシュトラ）が、ゾロアスター教をおこしたと言われています。

アフラ＝マズダという善の神が、アーリマンという悪魔と戦い、最後にアフラ＝マズダが勝ち、完全な世界が続くという教えです。

火や光をおがむことから、拝火教とも呼ばれます。

アフラ＝マズダ（善の神）　アーリマン（悪魔）
最後にアフラ＝マズダが勝つ。

ゾロアスター教の寺院（お寺）。　Matyas Rehak / Shutterstock.com

火や光を大切にするのが、ゾロアスター教の特ちょう。火をおがむ儀式が行われる。

修行し、生き物を殺すことを禁じるジャイナ教

紀元前6世紀ごろに、インドのヴァルダマーナが、バラモン教の身分制度を否定して、ジャイナ教をおこしました（→41ページ）。断食（食べるものの量や時間、種類を制限する）などの修行を重要なものと考え、生き物を殺すことを禁じます。現在は、インド西部を中心に信者がいます。

ジャイナ教の寺院（お寺）。　saiko3p / Shutterstock.com

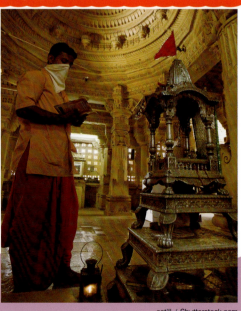
ジャイナ教の信者。虫を吸いこんで殺さないように、顔に白い布をつけている。

ostill / Shutterstock.com

第3章 インド・東南アジアの宗教の歴史

宇宙は2つのものの対立と考えるマニ教

　3世紀前半に、バビロニア（現在のイラク）にいたマニが、マニ教をおこしました。これは、ゾロアスター教に、キリスト教や仏教の教えを取り入れた宗教です。
　宇宙は、光とやみ、善と悪、精神と物体（肉体）のように、2つのものが対立しているとしています。また、欲望を捨てること、神の像をおがむこと（偶像崇拝）の禁止などを説いています。
　マニ教は、北アフリカや南フランス、中央アジア、中国に伝えられました。ウイグル（8〜9世紀にモンゴル高原にあった国）では、国教（国が定めた宗教）でした。

マニ

ターバンとひげが特ちょうのシク教

シク教の信者。ひげをのばし、ターバンを巻くのが特ちょう。
Vlad Karavaev / Shutterstock.com

　16世紀初めに、インドのナーナクが、シク教をおこしました（→45ページ）。『グル・グラント・サーヒブ』という教典があります。身分による差別を認めず、苦しい修行や儀式を否定して、日常生活の中で信仰することを説きます。
　インド北西部からパキスタン北東部にかけてのパンジャーブ地方に信者が多くいます。世界では、約3000万人の信者がいるとされます。これは、キリスト教、イスラム教、ヒンドゥー教、仏教の次に多い数です。

シクとは、「弟子」という意味で、信者がナーナクの弟子であるということを表しているよ。

人類の平和が目標のバハーイー教

　1840年代に、イランにいたサイイド＝アリー＝ムハンマドが、バーブ教をおこしました。バーブ教は、イスラム教からはなれ、イスラム法をやめることをうったえたため、政府におさえつけられ、サイイド＝アリー＝ムハンマドは殺されました。
　その後、バーブ教の信者だったバハーウッラーが、自分は神のことばを預かる預言者であるとして、バハーイー教をおこしました。
　人類の平和と統一を目標として、男女平等や世界で共通に通じることばをつくることなどをうったえています。

バハーイー世界センター。イスラエルにあり、世界遺産に登録されている。
Protasov AN / Shutterstock.com

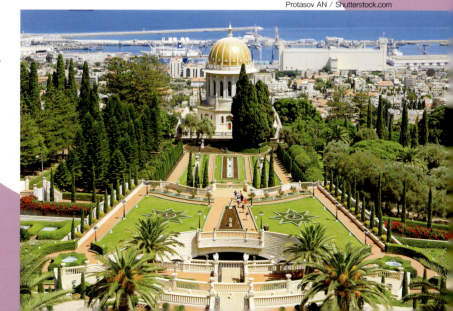

第4章 アジアの宗教の歴史
500年ごろまで

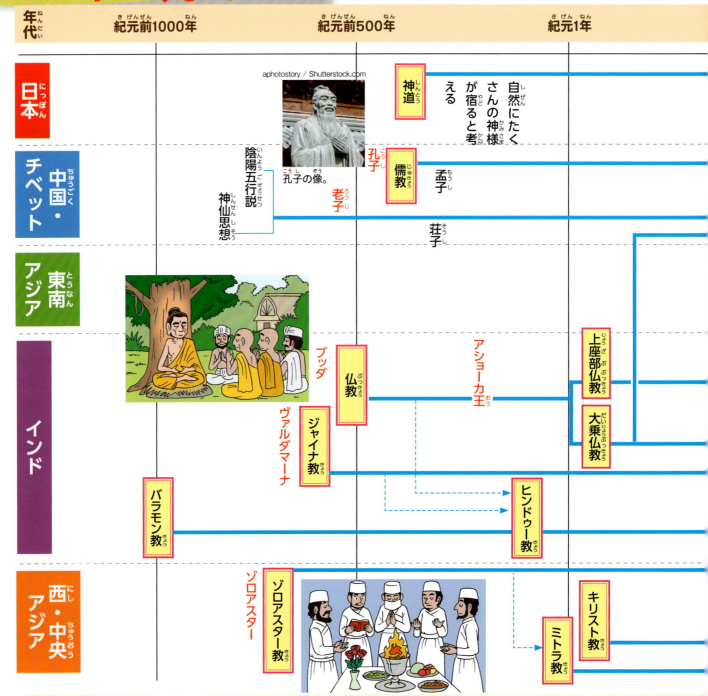

◆孔子
紀元前551年ごろ〜前479年。中国がいくつもの国に分かれていた時代に、魯という国で生まれた。「仁」（思いやり）が大切であるとして、多くの弟子を育てた。その教えは、『論語』にまとめられ、儒教のもとになった。

◆老子
孔子と同じころの人で、生没年は不明。実際にいたかどうかもはっきりしない。あるがままに、自然に生きる（無為自然）ことで、宇宙の真理の根本である「道」にいたることができると説き、道教のもとになったとされる。

◆ブッダ
紀元前563年ごろ〜前483年ごろ（ほかにも説がある）。ゴータマ・シッダールタという名前で、ブッダは、さとりを開いた人として尊敬した呼び方。シャカ族の王子として生まれ、あらゆるものは移り変わり、とどまることがないと感じ、出家した。修行の後にさとりを開き、仏教を始めた。

◆ゾロアスター
紀元前1200年ごろ（または前600年ごろ）。イランの預言者として、ゾロアスター教をおこした。最高神アフラ＝マズダのまぼろしを見て、多神教（たくさんの神々を信じる宗教）に反対し、一神教（唯一の神を信じる宗教）を説

第4章 アジアの宗教の歴史

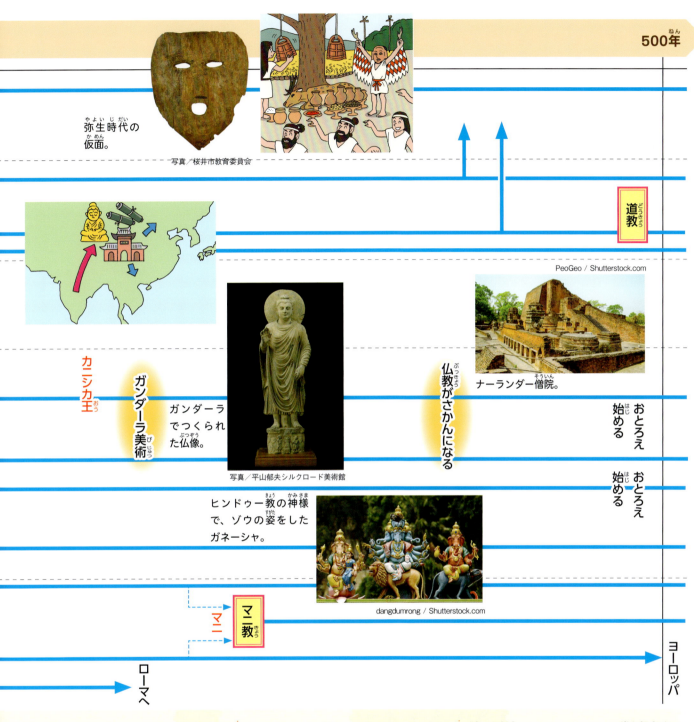

くようになったという。

◆**ヴァルダマーナ**
紀元前549年ごろ～前477年ごろ。ジャイナ教をおこした人。「偉大な英雄」と、尊敬して、マハーヴィーラと呼ぶこともある。武士（クシャトリア）の身分に生まれ、厳しい修行の末にさとりを開いて「ジニ」（勝利者）となった。身分による差別を否定した。また、生き物を殺さないことを説いた。

◆**アショーカ王**
紀元前3世紀。インドのマウリヤ朝という国の第3代の王。各地を征服し、一部を除いてインドを初めて統一した。戦いによって、多くの死者が出たことをくやみ、仏教を信じるようになった。武力ではなく、法（ダルマ）によって国を治めることをめざした。

◆**カニシカ王**
2世紀半ばの、インドのクシャーナ朝の王。中央アジアからガンジス川中流域までの広い範囲を領土にした。仏教を保護し、お経（経典）をまとめる作業をした。

◆**マニ**
216年ごろ～276年ごろ。バビロニア（現在のイラク）に生まれ、マニ教をおこした。ペルシア（イラン）のササン朝の王に仕えたが、王が死ぬと、マニは処刑された。

500〜1500年ごろ

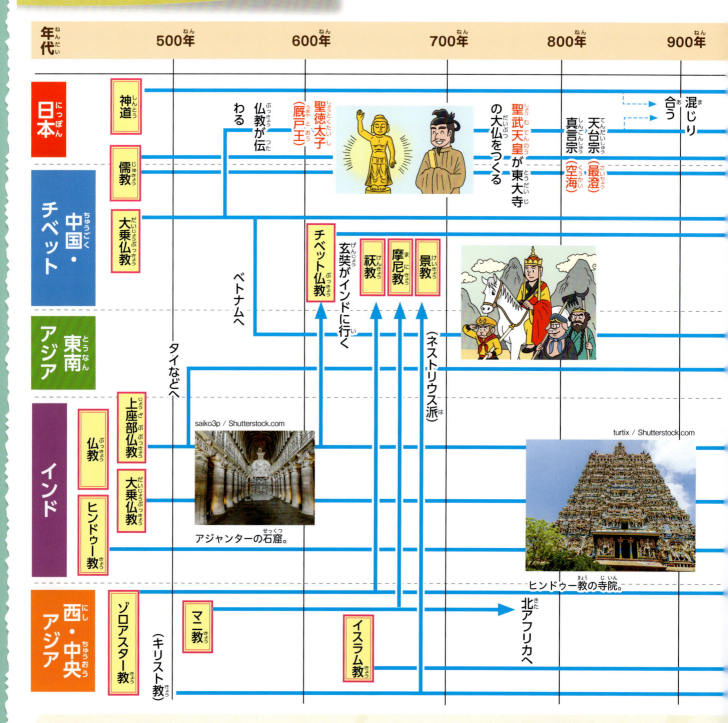

◆聖徳太子（厩戸王）
574〜622年。飛鳥時代の皇族、政治家。おばの推古天皇を助けて政治をした。仏教で国を治めることをめざした。仏教の研究をしたほか、四天王寺（大阪府）、法隆寺（奈良県）を建てた。

◆聖武天皇
701〜756年。奈良時代の天皇。仏教によって国を安定させることをめざし、国分寺や東大寺の大仏をつくった。

◆空海
774〜835年。弘法大師とも言う。唐（中国）で密教を学び、日本に帰って真言宗をおこした。高野山（和歌山県）に、金剛峯寺を建てた。

◆最澄
767〜822年。伝教大師とも言う。比叡山で修行した後に唐（中国）にわたり、天台宗や密教を学ぶ。日本に帰って、天台宗をおこした。比叡山（滋賀県）に延暦寺を建てた。

◆法然
1133〜1212年。源空とも言う。延暦寺で学んだ後に、山を下り、京都で、念仏を唱えることで極楽往生できると説いて、浄土宗をおこした。古い仏教の教えに合わない教えだったために、讃岐国（香川県）に送られた。

◆親鸞
1173〜1262年。延暦寺で修行した

第4章 アジアの宗教の歴史

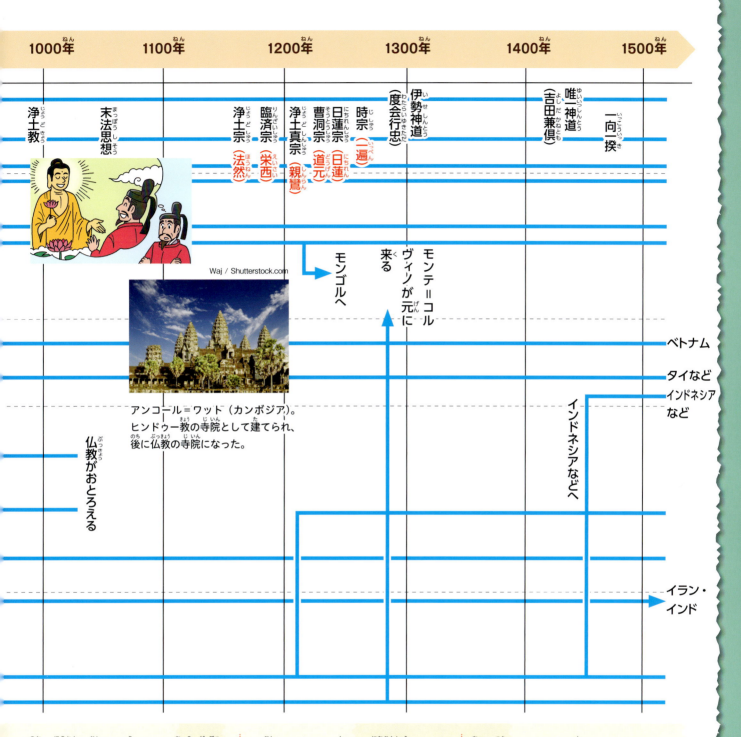

アンコール＝ワット（カンボジア）。ヒンドゥー教の寺院として建てられ、後に仏教の寺院になった。

年表項目：
- 1000年：浄土教
- 1100年：末法思想、仏教がおとろえる
- 1200年：浄土宗（法然）、臨済宗（栄西）、浄土真宗（親鸞）、曹洞宗（道元）、日蓮宗（日蓮）、時宗（一遍）、伊勢神道（度会行忠）、モンゴルへ
- 1300年：モンテ＝コルヴィノが元に来る
- 1400年：唯一神道（吉田兼倶）、一向一揆
- ベトナム、タイなど、インドネシアなどへ、イラン・インド

後、法然に教えを受ける。阿弥陀仏の救いを信じる心を持つだけで極楽往生できるとし、悪人こそが救われると説いて、浄土真宗をおこした。越後国（新潟県）に送られるが、ゆるされて関東で教えを広めた。

◆日蓮
1222～1282年。漁師の子として生まれた。天台宗など、さまざまな宗派を学んだ後、法華経こそブッダの正しい教えであると説き、日蓮宗をおこした。ほかの宗派を激しく攻撃し、国に大変なできごとが起こると予言して、佐渡（新潟県）などに送られた。

◆栄西
1141～1215年。延暦寺で学んだ後、2回にわたって宋（中国）に行き、禅宗のひとつ、臨済宗を学んだ。日本に臨済宗を伝え、鎌倉（神奈川県）に寿福寺、京都に建仁寺を建てた。宋から茶を伝えたことでも知られる。

◆道元
1200～1253年。天台宗や臨済宗を学び、宋にわたって曹洞宗を学んだ。日本に帰って曹洞宗を伝え、越前国（福井県東部）に永平寺を開いた。

◆一遍
1239～1289年。おどり念仏や「南無阿弥陀仏」と書いたお札を配ることを始めた。各地を回り、時宗を広めた。

1500年～現在

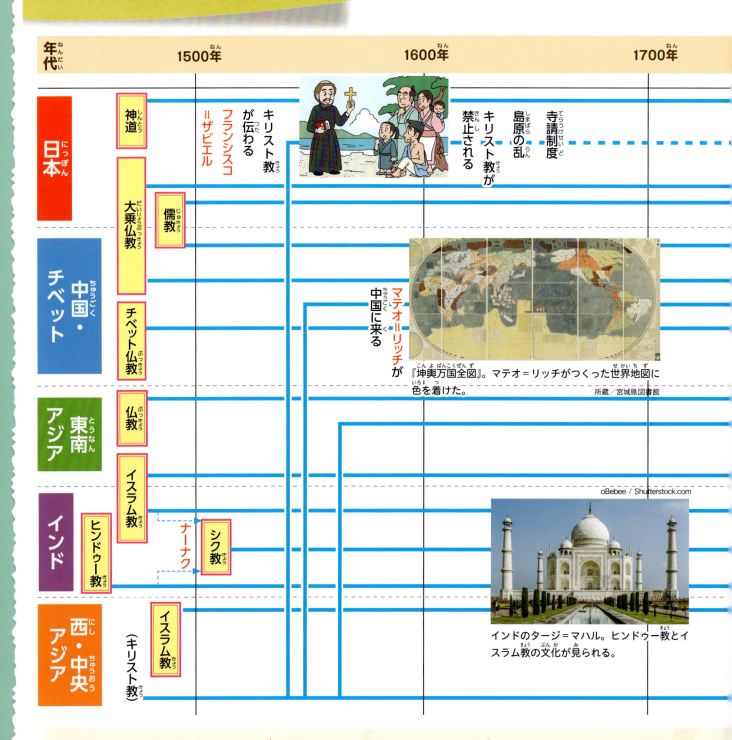

『坤輿万国全図』。マテオ=リッチがつくった世界地図に色を着けた。　所蔵／宮城県図書館

インドのタージ=マハル。ヒンドゥー教とイスラム教の文化が見られる。

◆フランシスコ=ザビエル
1506年ごろ～1552年。スペイン人の宣教師（キリスト教の布教をする人）。イエズス会に属し、アジアへの布教のために、インドに向かう。インドと東南アジアで布教した後、日本の鹿児島に着く。初めて日本にキリスト教を伝えた。各地で布教した後、中国にわたる途中で、病気のために亡くなった。

◆マテオ=リッチ
1552～1610年。イタリア出身の宣教師、イエズス会に属した。1583年に明（中国）のマカオに入り、中国での布教を始めた。中国の文化を大切にし、ヨーロッパの科学技術を伝えることも考えた。『坤輿万国全図』という世界地図をつくった。

◆ナーナク
1469～1538年。インドでシク教をおこした人。クシャトリア（武士）の出身で、もともとヒンドゥー教を信仰していたが、イスラム教のえいきょうによってヒンドゥー教を改革し、シク教をおこした。偶像崇拝（神の像や絵をおがむこと）、苦しい修行、身分による差別を禁じた。尊敬した言い方で「グル」（師匠）と呼ばれることもある。

◆バハーウッラー
1817～1892年。もとの名前は、ミールザー・フサイン・アリー。イランの

第4章 アジアの宗教の歴史

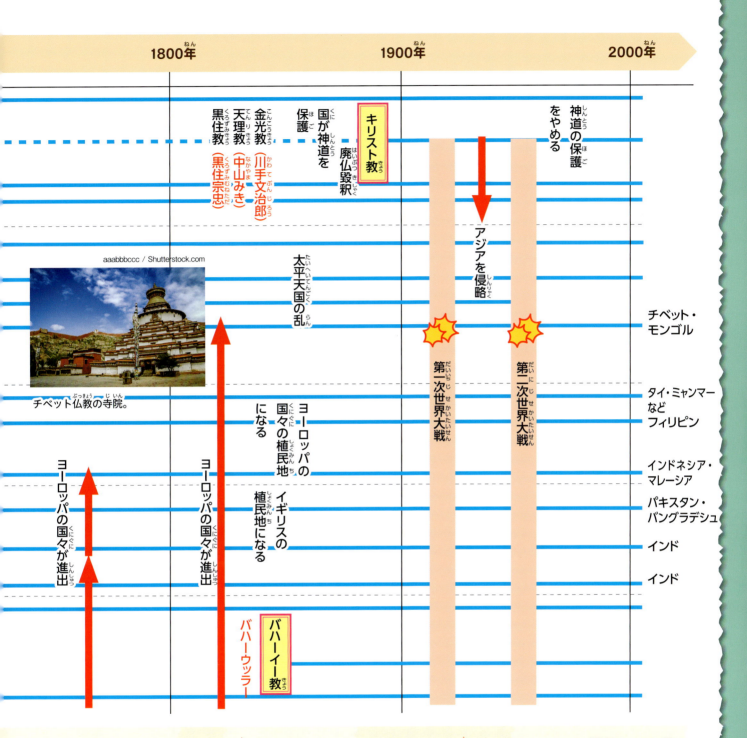

チベット仏教の寺院。
aaabbbccc / Shutterstock.com

テヘラン生まれ。バーブ教をおこしたサイイド＝アリー＝ムハンマドの弟子になる。自分を預言者と言い、バーブ教をつぐバハーイー教を開いた。

◆黒住宗忠
1780～1850年。備前国（岡山県東部）の神職（神主）の家に生まれた。両親を病気で亡くし、自分自身も病気になったが、1814年の冬至の日に、太陽を飲みこんで神様と一体になり、病気が治ったと言う。これをきっかけに黒住教をおこし、各地で布教した。

◆中山みき
1798～1887年。大和国（奈良県）の庄屋の家に生まれた。1838年、子どもの足の病気を治すために山伏に祈ってもらっていた時、神様が乗り移ったようになった。これをきっかけに、神様のお告げを人々に伝えるようになり、天理教をおこした。人々にしたわれるようになったが、警察にはよく思われず、取りしまりを受けた。しかし、それに負けず、布教を続けた。

◆川手文治郎
1814～1883年。備中国（岡山県西部）の農家に生まれた。1855年、のどの重い病気にかかった時に、天地金乃神の声を聞いたとされる。1859年に、金光教をおこし、明治時代以降は、金光大神と名乗った。

さくいん

あ

アジャンターの石窟 ・・・ 52
アショーカ王 ・・・ 41、51
飛鳥寺 ・・・ 9
飛鳥寺釈迦如来像 ・・・ 9
アフラ=マズダ ・・・ 48、50
天草四郎 ・・・ 23
アマテラスオオミカミ ・・・ 7、15
天照大神 ・・・ 25
天の岩戸 ・・・ 7
阿弥陀仏 ・・・ 18
アーリマン ・・・ 48
アーリヤ人 ・・・ 40
アンコール=ワット ・・・ 53
イザナギノミコト ・・・ 7
イザナミノミコト ・・・ 7
石山戦争 ・・・ 19
石山本願寺 ・・・ 18、19
イスラム教 ・・・ 38、45
伊勢神宮 ・・・ 25
伊勢神道 ・・・ 15
一向一揆 ・・・ 18、19
一向宗 ・・・ 18、19
一遍 ・・・ 16、53
インダス文明 ・・・ 40
インド=イスラム文化 ・・・ 45
インドネシア ・・・ 47
陰陽五行説 ・・・ 34
ヴァイシャ ・・・ 40
ヴァルダマーナ ・・・ 41、48、51
ウイグル ・・・ 49
ヴェーダ ・・・ 40
禹王 ・・・ 35
廏戸王 ・・・ 8、9、52
雲崗の石仏 ・・・ 36
栄西 ・・・ 17、53
永平寺 ・・・ 53
江戸幕府 ・・・ 22
恵比寿 ・・・ 30
絵踏 ・・・ 22
エルデネ・ゾー ・・・ 37
円珍 ・・・ 13
円仁 ・・・ 13
延暦寺 ・・・ 13、19、52
往生 ・・・ 14
大王 ・・・ 6
オオクニヌシノミコト ・・・ 7
大湯環状列石 ・・・ 4
おかげ参り ・・・ 25
お経 ・・・ 42
織田信長 ・・・ 19
おどり念仏 ・・・ 16
お布施 ・・・ 24

か

カオダイ教 ・・・ 46
カシミール ・・・ 45
カニシカ王 ・・・ 41、51
ガネーシャ ・・・ 51
カムヤマトイワレヒコノミコト ・・・ 7
仮面 ・・・ 5
川手文治郎 ・・・ 25、55
韓国 ・・・ 39
鑑真 ・・・ 11
ガンダーラ ・・・ 42
関帝 ・・・ 35
カンボジア ・・・ 46
桓武天皇 ・・・ 12
義浄 ・・・ 36、43
ギメ東洋美術館 ・・・ 27
教会堂 ・・・ 20
行基 ・・・ 11
経典 ・・・ 42
玉皇大帝 ・・・ 35
キリシタン大名 ・・・ 21
キリスト教 ・・・ 20、22、27
空海 ・・・ 12、13、52
空也 ・・・ 14
倶舎宗 ・・・ 11
クシャトリア ・・・ 40
クシャーナ朝 ・・・ 41
クトゥブ・ミナール ・・・ 45
クマソタケル ・・・ 7
鳩摩羅什 ・・・ 36
クリスマス ・・・ 30
グル ・・・ 54
グル・グラント・サーヒブ ・・・ 49
黒住教 ・・・ 25、55
黒住宗忠 ・・・ 25、55

景教 ・・・ 38
華厳宗 ・・・ 11
結婚式 ・・・ 30
元 ・・・ 37、38
祆教 ・・・ 38
源空 ・・・ 52
玄奘 ・・・ 36、43
現世利益 ・・・ 13
建長寺 ・・・ 17
玄武 ・・・ 35
憲法十七条 ・・・ 9
孝 ・・・ 32、33
孔子 ・・・ 32、50
孔子廟 ・・・ 33
洪秀全 ・・・ 39
興福寺 ・・・ 11
弘法大師 ・・・ 13、52
高野山 ・・・ 52
高野山金剛峯寺 ・・・ 13
国学 ・・・ 25
国分寺 ・・・ 10
国分尼寺 ・・・ 10
極楽浄土 ・・・ 14
古事記 ・・・ 6
五体投地 ・・・ 37
ゴータマ・シッダールタ ・・・ 41、50
国家神道 ・・・ 28
権現 ・・・ 15
金光教 ・・・ 25、55
金光大神 ・・・ 25、55
金剛峯寺 ・・・ 13、52
坤輿万国全図 ・・・ 38、54

さ

サイイド=アリー=ムハンマド ・・・ 49、55
西大寺 ・・・ 10
最澄 ・・・ 12、13、52
西遊記 ・・・ 36
座禅 ・・・ 17
ザビエル ・・・ 20
ザラスシュトラ ・・・ 48
三蔵法師 ・・・ 36
三論宗 ・・・ 11
シヴァ神 ・・・ 44
シク教 ・・・ 45、49、54
時宗 ・・・ 16、53
氏族 ・・・ 6
士大夫 ・・・ 38
七福神 ・・・ 30
地鎮祭 ・・・ 31
四天王寺 ・・・ 9
ジナ ・・・ 51
島原・天草一揆 ・・・ 23
島原の乱 ・・・ 23
ジャイナ教 ・・・ 41、44、48、51
宗教法人法 ・・・ 29
十二宗 ・・・ 37
修学 ・・・ 28
儒学 ・・・ 33
儒教 ・・・ 32、33、37
シュードラ ・・・ 40
寿老人 ・・・ 30
荀子 ・・・ 32
上座部仏教 ・・・ 42、46
成実宗 ・・・ 11
浄土教 ・・・ 14
聖徳太子 ・・・ 8、9、52
浄土宗 ・・・ 16、37、52
浄土真宗 ・・・ 16、53
少年使節 ・・・ 21
成仏 ・・・ 13
聖武天皇 ・・・ 10、52
縄文時代 ・・・ 4
徐福 ・・・ 35
仁 ・・・ 32、33、50
真言宗 ・・・ 12、13、52
神仙思想 ・・・ 34
神道 ・・・ 6、14、15、26、27、28
神仏習合 ・・・ 15
神武天皇 ・・・ 7
親鸞 ・・・ 16、53
朱雀 ・・・ 35
スサノオノミコト ・・・ 7
スリランカ ・・・ 45
星辰神 ・・・ 35
青龍 ・・・ 35
宣教師 ・・・ 20、38
禅宗 ・・・ 17、37

た

仙人 ・・・ 34
潜伏キリシタン ・・・ 23
荘子 ・・・ 34
葬式 ・・・ 24、30
曹洞宗 ・・・ 17、53
蘇我氏 ・・・ 8
ゾロアスター ・・・ 48、50
ゾロアスター教 ・・・ 38、48
孫悟空 ・・・ 36

タイ ・・・ 46
大雁塔 ・・・ 36
大黒天 ・・・ 30
大乗仏教 ・・・ 13、42、46
太上老君 ・・・ 35
大都 ・・・ 38
大日如来 ・・・ 13、15
大日本帝国憲法 ・・・ 27
大仏 ・・・ 10
大仏殿 ・・・ 10
太平天国の乱 ・・・ 39
タージ=マハル ・・・ 54
ターバン ・・・ 49
ダライ・ラマ ・・・ 37
ダラニ ・・・ 13
ダルマ ・・・ 41
檀家 ・・・ 24
檀那寺 ・・・ 24
チベット ・・・ 37
チベット仏教 ・・・ 37
チュア・チャンクオック ・・・ 46
中華人民共和国 ・・・ 39
長安 ・・・ 38
鎮国寺 ・・・ 46
鎮護国家 ・・・ 10
寺請証文 ・・・ 24
寺請制度 ・・・ 24
伝来大師 ・・・ 13、52
天皇大帝 ・・・ 35
天台宗 ・・・ 12、13、52
天地金乃神 ・・・ 25
天帝 ・・・ 33
天理王命 ・・・ 25
天理教 ・・・ 25、55
道 ・・・ 34、35、50
銅鏡 ・・・ 5
道教 ・・・ 34、37
道元 ・・・ 17、53
東大寺 ・・・ 10
東大寺金堂 ・・・ 10
銅鐸 ・・・ 5
土偶 ・・・ 4
徳川家康 ・・・ 22
豊臣秀吉 ・・・ 22
奴隷王朝 ・・・ 45

な

中山みき ・・・ 25、55
ナーナク ・・・ 45、49、54
南無阿弥陀仏 ・・・ 14、16
南無妙法蓮華経 ・・・ 17
ナーランダー僧院 ・・・ 43
南興神社 ・・・ 28
南都六宗 ・・・ 11
南蛮人 ・・・ 20
南洋諸島 ・・・ 28
日蓮 ・・・ 17、53
日蓮宗 ・・・ 17、53
日本の神話 ・・・ 7
ニニギノミコト ・・・ 7
日本国憲法 ・・・ 29
日本書紀 ・・・ 6
人間国宝 ・・・ 29
ネストリウス派 ・・・ 38

は

拝火教 ・・・ 48
廃仏毀釈 ・・・ 26
パキスタン ・・・ 45
パスパ ・・・ 37
バチカン市国 ・・・ 39
初もうで ・・・ 30
バテレン ・・・ 20、22
バハーイー教 ・・・ 49、55
バハーウッラー ・・・ 49、54
バーブ教 ・・・ 49、55
原城 ・・・ 23
バラモン ・・・ 40
バラモン教 ・・・ 40、44

バングラデシュ ・・・ 45
比叡山 ・・・ 52
比叡山延暦寺 ・・・ 13、19
毘沙門天 ・・・ 30
卑弥呼 ・・・ 5
白虎 ・・・ 35
平等院鳳凰堂 ・・・ 14
平田篤胤 ・・・ 25
ヒンドゥー教 ・・・ 44
フィリピン ・・・ 47
福禄寿 ・・・ 30
仏教 ・・・ 8、9、10、14、15、26、36、37、41、42、43、44
仏像 ・・・ 42
ブッダ ・・・ 41、50
フランシスコ=ザビエル ・・・ 20、38、54
風流 ・・・ 19
不老不死 ・・・ 34
平安京 ・・・ 12
平城京 ・・・ 10
ベトナム ・・・ 46
弁才天 ・・・ 30
法 ・・・ 41
奉安殿 ・・・ 28
法興寺 ・・・ 9
法事 ・・・ 24
法然 ・・・ 16、52
法要 ・・・ 24
法隆寺 ・・・ 9
法華経 ・・・ 13、17、53
法華宗 ・・・ 17
法相宗 ・・・ 11
布袋 ・・・ 30
盆おどり ・・・ 19
本願寺 ・・・ 18
本山 ・・・ 18
ぼんのう ・・・ 41
本末制度 ・・・ 24

ま

マウリヤ朝 ・・・ 41
末寺 ・・・ 24
末法の世 ・・・ 14
マテオ=リッチ ・・・ 38、54
マニ ・・・ 49、51
マニ教 ・・・ 38、49、51
マハーヴィーラ ・・・ 51
マレーシア ・・・ 47
密教 ・・・ 12
ミャンマー ・・・ 46
明洞聖堂 ・・・ 39
無為自然 ・・・ 35、50
孟子 ・・・ 32
モエンジョ=ダーロ ・・・ 40
本居宣長 ・・・ 25
物部氏 ・・・ 8
モンゴル ・・・ 37、38
モンテ=コルヴィノ ・・・ 38

や

八百万の神様 ・・・ 6
薬師寺 ・・・ 11
靖国神社 ・・・ 31
邪馬台国 ・・・ 5
ヤマタノオロチ ・・・ 7
ヤマトタケルノミコト ・・・ 7
ヤマト政権 ・・・ 6
弥生時代 ・・・ 5
唯一神道 ・・・ 15
吉田兼倶 ・・・ 15

ら

来迎図 ・・・ 14
ラオス ・・・ 46
ラマ ・・・ 37
ラマ教 ・・・ 37
律宗 ・・・ 11
臨済宗 ・・・ 17、53
輪廻転生 ・・・ 41、44
礼 ・・・ 32
蓮如 ・・・ 18
老子 ・・・ 34、50
ローマ教皇庁 ・・・ 39
論語 ・・・ 32、50

わ

度会家行 ・・・ 15

池上彰 監修！
国際理解につながる宗教のこと（全4巻）

監修　池上彰

1950年、長野県生まれ。大学卒業後、NHKに記者として入局する。社会部などで活躍し、事件、災害、消費者問題などを担当し、教育問題やエイズ問題のNHK特集にもたずさわる。1994年4月からは、「週刊こどもニュース」のおとうさん役兼編集長を務め、わかりやすい解説で人気となった。現在は、名城大学教授。
おもな著書に、『一気にわかる！池上彰の世界情勢2017』(毎日新聞出版)、『池上彰の世界の見方：15歳に語る現代世界の最前線』(小学館)、『伝える力』(PHP研究所)、『池上彰の戦争を考える』(KADOKAWA)などがある。

● 編集協力
　有限会社大悠社

● 表紙デザイン
　木村ミユキ

● 本文デザイン
　木村ミユキ

● 表紙イラスト
　よしむらあきこ

● イラスト
　川上潤
　すぎうらあきら

●参考文献

『国際関係がよくわかる　宗教の本①〜④』池上彰（岩崎書店）
『[図解] 池上彰の 世界の宗教が面白いほどわかる本』池上彰（KADOKAWA）
『一冊でわかるイラストでわかる 図解現代史 1945-2020』東京都歴史教育研究会・監修（成美堂出版）
『一冊でわかるイラストでわかる 図解宗教史』塩尻和子 ほか2名監修（成美堂出版）
『一冊でわかるイラストでわかる 図解仏教』廣澤隆之・監修（成美堂出版）
『オールカラーでわかりやすい！世界の宗教』渡辺和子・監修（西東社）
『面白いほどよくわかる イスラーム』塩尻和子・監修、青柳かおる（日本文芸社）
『面白いほどよくわかる キリスト教』宇都宮輝夫 阿部包（日本文芸社）
『面白いほどよくわかる 神道のすべて』菅田正昭（日本文芸社）
『面白いほどよくわかる 聖書のすべて』ひろさちや・監修、中見利男（日本文芸社）
『面白いほどよくわかる 仏教のすべて』金岡秀友・監修、田代尚嗣（日本文芸社）
『「神」と「仏」の物語』由良弥生（KKベストセラーズ）
『教養としての仏教入門 身近な17キーワードから学ぶ』中村圭志（幻冬舎）
『佐藤優さん、神は本当に存在するのですか？宗教と科学のガチンコ対談』竹内久美子 佐藤優（文藝春秋）
『史上最強図解 橋爪大三郎といっしょに考える宗教の本』橋爪大三郎・監修（ナツメ社）
『常識として知っておきたい 世界の三大宗教』歴史の謎を探る会［編］（河出書房新社）
『詳説世界史』佐藤次高 木村靖二 ほか4名（山川出版社）
『詳説日本史』石井進 五味文彦 ほか12名（山川出版社）
『神社と神様大全』（宝島社）
『図解 いちばんやさしい三大宗教の本』沢辺有司（彩図社）
『図解 知っているようで意外と知らない お寺さん入門』渋谷申博 ほか（洋泉社）
『図解 知っているようで意外と知らない 神社入門』渋谷申博 ほか（洋泉社）
『図解 世界5大宗教全史』中村圭志（ディスカヴァー・トゥエンティワン）
『世界最新紛争地図』（宝島社）
『世界の宗教』村上重良（岩波書店）
『世界の宗教がまるごとわかる本』（枻出版社）
『世界の宗教は人間に何を禁じてきたか』井上順孝（河出書房新社）
『地図で読む世界史』柴宜弘・編著（実務教育出版）
『帝国書院 ＝ タイムズ 同時代史的 図解世界史』ジェフリー ＝ パーカー・監修、浅香正 新井桂子 ほか13名・訳（帝国書院）
『徹底図解 世界の宗教』島崎晋（新星出版社）
『何をめざして生きるのか？目で見る宗教』ドーリング ＝ キンダースリー・編、町田敦夫・訳（さ・え・ら書房）
『「日本人の神」入門 神道の歴史を読み解く』島田裕巳（講談社）
『プレステップ宗教学〈第2版〉』石井研士（弘文堂）
『もっとよくわかる 世界の三大宗教 かなり素朴な疑問・篇』歴史の謎を探る会［編］（河出書房新社）

池上彰 監修！
国際理解につながる宗教のこと

3巻　歴史と宗教（アジア編）

2017年4月1日　　初版発行

発行者　　升川秀雄
編　集　　松田幸子
発行所　　株式会社教育画劇
　　　　　〒151-0051　東京都渋谷区千駄ヶ谷5-17-15
　　　　　TEL：03-3341-3400　FAX：03-3341-8365
　　　　　http://www.kyouikugageki.co.jp
印刷・製本　大日本印刷株式会社

56P 297×210mm　NDC220 ISBN 978-4-7746-2093-0
Published by Kyouikugageki, inc., Printed in Japan
本書の無断転写・複製・転載を禁じます。乱丁、落丁本はお取り替えいたします。

池上彰 監修！
国際理解につながる
宗教のこと